해법 중학 국어

독해에 강한
어휘 DNA
깨우기

기본

어휘 DNA 깨우기

퀴즈로 쉽고 재미있게 732개 어휘를 익히고, 단계별 문제를 통해 독해로 나아간다!

1단계 빠르게 체크하기

2단계 꼼꼼히 확인하기

- 중학교 1~2학년 9종 국어 교과서에 나온 필수 어휘와 필수 개념어를 퀴즈로 구성했어요.
- 반의어, 동일 한자가 사용된 어휘, 헷갈릴 만한 어휘가 오답으로 제시돼요.
- 제시된 뜻에 알맞은 어휘를 3분 안에 빠르게 선택해 보세요.

- 1단계의 정답을 확인하고, 정답과 오답을 비교하면서 어휘를 꼼꼼히 학습해 보세요.
- 한자의 음훈, 추가 어휘(유: 유의어, 반: 반의어, 관: 관용어, 속: 속담, 참: 참고 어휘), 도움말도 확인해 보세요.

퀴즈로 쉽고 재미있게, 빠르고 확실하게 732개 어휘를 공부하는 어휘서

이 책은 매일 10분씩, 28일 완성으로 퀴즈로 쉽고 재미있게 732개 어휘를 학습할 수 있도록 구성한 교재예요. '지루한 어휘 학습은 가라!' 국어사전을 공부하듯 지루한 어휘 학습은 이제 그만! 퀴즈로 쉽고 재미있게, 빠르고 확실하게 어휘 실력을 향상해 보세요.

어휘 학습을 통한 독해력 향상을 도모하는 어휘서

이 책은 중학 9종 교과서와 교과서 외 지문으로 구성된 독해 문제로 배운 어휘를 복습하고, 독해력을 향상할 수 있게 구성했어요.
엄선된 독해 지문을 통해 어휘력도 키우고, 실전 어휘 문제 유형도 확인해 보세요.

3 단계

| 문맥으로 소화하기 | 복습하기 | 독해 더하기 |

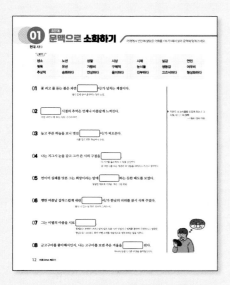

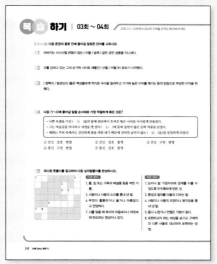

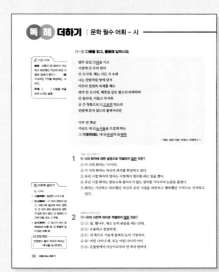

- 주어진 문장의 빈칸에 들어갈 알맞은 어휘를 써 넣어 보세요.
- 문맥을 통해 앞에서 배운 어휘의 의미를 확실하게 이해할 수 있어요.

- 다양한 유형의 확인 문제로 앞에서 배운 어휘를 복습해 보세요.
- 퍼즐, 사다리타기 등의 재미 유형으로 지루하지 않게 구성했어요.

- 학습한 어휘를 바탕으로 하여 독해 문제를 구성했어요.
- 앞에서 배운 어휘가 실전 독해 문제에서 어떻게 출제되는지 확인해 보세요.

어휘 DNA 깨우기의 차례

일러두기

이 책에 실린 어휘의 뜻풀이는 기본적으로 국립국어원의 〈표준국어대사전〉을 따랐으나, 학습자 수준을 고려할 때 〈표준국어대사전〉의 뜻풀이가 어려운 경우에는 이해에 도움을 주고자 국립국어원의 〈한국어기초사전〉을 참고하여 풀이하였음을 밝힙니다.

어휘 28일 완성 계획표

✎ 계획표에 따라 공부한 날짜를 써 가면서 학습하세요. 자신의 학습 목표와 수준, 공부 시간 등을 고려하여 하루에 2회씩 진도를 나간다면 15일 만에도 끝낼 수 있습니다.

대단원	소단원	공부한 날짜	
		28일 완성	15일 완성
I. 문학 필수 어휘 – 시	01 현대 시에서 나오는 어휘(1)	월 일	월 일
	02 현대 시에서 나오는 어휘(2)	월 일	
	복습하기		
	03 고전 시가에서 나오는 어휘	월 일	월 일
	04 시 필수 개념어	월 일	
	복습하기	월 일	
	독해 더하기		
II. 문학 필수 어휘 – 소설	05 현대 소설에서 나오는 어휘(1)	월 일	월 일
	06 현대 소설에서 나오는 어휘(2)	월 일	
	복습하기		
	07 현대 소설에서 나오는 어휘(3)	월 일	월 일
	08 고전 소설에서 나오는 어휘	월 일	
	09 소설 필수 개념어	월 일	월 일
	복습하기	월 일	
	독해 더하기		월 일
III. 비문학 필수 어휘	10 사회 일반 제재 관련 어휘	월 일	월 일
	11 역사 제재 관련 어휘	월 일	
	복습하기		
	12 경제 제재 관련 어휘	월 일	월 일
	13 기술, 예술 제재 관련 어휘	월 일	
	복습하기		
	14 생물 제재 관련 어휘	월 일	월 일
	15 지구 과학 제재 관련 어휘	월 일	
	복습하기	월 일	
	독해 더하기		월 일
IV. 문법 필수 개념어 & 어법	16 문법 필수 개념어(1)	월 일	월 일
	17 문법 필수 개념어(2)	월 일	
	복습하기		
	18 어법(1)–구별해서 써야 하는 어휘	월 일	월 일
	19 어법(2)–맞는 표기와 틀린 표기	월 일	
	복습하기		
V. 관용 표현	20 한자성어(1)	월 일	월 일
	21 한자성어(2)	월 일	
	복습하기		
	22 관용어(1)	월 일	월 일
	23 관용어(2)	월 일	
	24 속담	월 일	월 일
	복습하기	월 일	
	독해 더하기		

I

문학 필수 어휘
– 시

아래에서 가운데에 풀이된 뜻에 해당하는 어휘를 골라 ○표 하세요.

제한 시간: 3분

❶ 윗목 — 온돌방에서 아궁이로부터 먼 쪽의 방바닥. — 아랫목

❷ 노년 — 어린 나이나 때. 또는 어린 나이의 아이. — 유년

❸ 눈꼬리 — 눈언저리의 속눈썹이 난 곳. — 눈시울

❹ 시상 — 시를 짓기 위한 착상이나 구상. — 시제

❺ 낭송하다 — ① 시가를 읊조리며 그 맛을 감상하다.
② 사물이나 개념의 속 내용을 느끼거나 생각하다. — 음미하다

❻ 여우비 — 볕이 나 있는 날 잠깐 오다가 그치는 비. — 가랑비

❼ 고즈넉하다 — 고개를 조금 숙이고 온순한 태도로 말이 없다. — 다소곳하다

8 구체적   일정한 형태와 성질을 갖추고 있지 않은. 또는 그런 것.   추상적

9 실감   생기 있게 살아 움직이는 듯한 느낌.   생동감

10 성찰   자기의 마음을 반성하고 살핌.   고찰

11 연상하다   하나의 관념이 다른 관념을 불러일으키다.   회상하다

12 진부하다   새롭고 산뜻하다.   참신하다

13 승화하다   어떤 현상이 더 높은 상태로 발전하다.   형상화하다

14 냉소   불쌍하고 가련하게 여김.   연민

2단계
꼼꼼히 확인하기

1단계 퀴즈의 정답은 아래에서 **초록색으로 표시**했습니다.
오답의 어휘와 뜻풀이까지 꼼꼼하게 확인해 보세요.

현대 시(1)

❶ | ○ ㅁ | ↔ **아랫목**

온돌방에서 아궁이로부터 먼 쪽의 방바닥.

온돌방에서 아궁이가 가까운 쪽의 방바닥.

😄 불길이 잘 닿지 않아 아랫목보다 상대적으로 차가운 쪽이야.

---

❷ **노년** 늙을 노 老, 나이 년 年 | ↔ | ○ ㄴ | 어릴 유 幼, 나이 년 年

나이가 들어 늙은 때. 또는 늙은 나이.

어린 나이나 때. 또는 어린 나이의 아이.

---

❸ **눈꼬리**

귀 쪽으로 가늘게 좁혀진 눈의 가장자리. 늑눈초리.

| ㄴ ㅅ ㅇ |

눈언저리의 속눈썹이 난 곳.

참 • 눈두덩: 눈언저리의 두두룩한 곳.
• 눈망울: 눈알 앞쪽의 도톰한 곳. 또는 눈동자가 있는 곳.

---

❹ **시상** 시 시 詩, 생각 상 想

시를 짓기 위한 착상이나 구상.

| ㅅ ㅈ | 시 시 詩, 제목 제 題

시의 제목이나 제재.

---

❺ | ㄴ ㅅ |하다 밝을 낭 朗, 읽을 송 誦

크게 소리를 내어 글을 읽거나 외다.

음미하다 읊을 음 吟, 맛 미 味

① 시가를 읊조리며 그 맛을 감상하다.
② 사물이나 개념의 속 내용을 느끼거나 생각하다.

---

❻ **여우비**

볕이 나 있는 날 잠깐 오다가 그치는 비.

| ㄱ ㄹ ㅂ |

가늘게 내리는 비. 이슬비보다는 좀 굵음.

참 장대비: 장대처럼 굵고 거세게 좍좍 내리는 비.

---

❼ | ㄱ ㅈ ㄴ |하다

고요하고 아늑하다.

다소곳하다

고개를 조금 숙이고 온순한 태도로 말이 없다.

8 구체적   갖출 구 具, 모양 체 體, 어조사 적 的

눈으로 직접 볼 수 있게 형태를 갖춘. 또는 그런 것.

ㅊ ㅅ ㅈ   뽑을 추 抽, 모양 상 象, 어조사 적 的

일정한 형태와 성질을 갖추고 있지 않은. 또는 그런 것.

9 실감   실제 실 實, 느낄 감 感

실제로 체험하는 느낌.

ㅅ ㄷ ㄱ   살 생 生, 움직일 동 動, 느낄 감 感

생기 있게 살아 움직이는 듯한 느낌.

10 성찰   살필 성 省, 살필 찰 察

자기의 마음을 반성하고 살핌.

ㄱ ㅊ   생각할 고 考, 살필 찰 察

어떤 것을 깊이 생각하고 연구함.

11 ㅇ ㅅ 하다   잇닿을 연 聯, 생각 상 想

하나의 관념이 다른 관념을 불러일으키다.

회상하다   돌이킬 회 回, 생각 상 想

지난 일을 돌이켜 생각하다.

유 회고(回顧)하다: 지나간 일을 돌이켜 생각하다.

12 ㅈ ㅂ 하다   묵을 진 陳, 썩을 부 腐

사상, 표현, 행동 따위가 낡아서 새롭지 못하다.

참신하다   매우 참 斬, 새 신 新

새롭고 산뜻하다.

13 승화하다   오를 승 昇, 빛날 화 華

어떤 현상이 더 높은 상태로 발전하다.

ㅎ ㅅ ㅎ 하다   모양 형 形, 모양 상 象, 될 화 化

모습이 분명하지 않은 것을 구체적이고 명확한 모양으로 나타내다.

😊 특히 어떤 소재를 예술적으로 재창조하는 일을 이르는 말이야.
예 슬픔을 음악으로 형상화하다.

14 냉소   찰 냉 冷, 웃을 소 笑

쌀쌀한 태도로 비웃음. 또는 그런 웃음. 늑찬웃음.

ㅇ ㅁ   가엾을 연 憐, 불쌍할 민 憫

불쌍하고 가련하게 여김.

빈칸 답 ❶ 윗목 ❷ 유년 ❸ 눈시울 ❹ 시제 ❺ 낭송 ❻ 가랑비 ❼ 고즈넉 ❽ 추상적 ❾ 생동감 ❿ 고찰 ⓫ 연상 ⓬ 진부 ⓭ 형상화 ⓮ 연민

문맥으로 소화하기

3단계

현대 시(1)

아래에서 빈칸에 알맞은 어휘를 <보기>에서 찾아 문맥에 맞게 쓰세요.

> **보기**
>
> | 냉소 | 노년 | 성찰 | 시상 | 시제 | 실감 | 연민 |
> |------|------|------|------|------|------|------|
> | 윗목 | 유년 | 가랑비 | 구체적 | 눈시울 | 생동감 | 여우비 |
> | 추상적 | 승화하다 | 연상하다 | 음미하다 | 진부하다 | 고즈넉하다 | 형상화하다 |

01 꽃 피고 풀 돋는 봄은 과연 [   ]이/가 넘치는 계절이다.

생기 있게 살아 움직이는 듯한 느낌.

02 [   ] 시절의 추억은 언제나 아름답게 느껴진다.

어린 나이나 때. 또는 어린 나이의 아이.

> ▶ 지금도 내 눈시울을 뜨겁게 하는 / 그 시절, 내 ○○의 윗목
> – 기형도, 〈엄마 걱정〉

03 높고 푸른 하늘을 보니 멋진 [   ]이/가 떠오른다.

시를 짓기 위한 착상이나 구상.

04 나는 지그시 눈을 감고 그가 쓴 시의 구절을 [   ].

① 시가를 읊조리며 그 맛을 감상하다.
② 어떤 사물 또는 개념의 속 내용을 새겨서 느끼거나 생각하다.

05 연이어 실패를 맛본 그는 희망이라는 말에 [   ]하는 듯한 태도를 보였다.

쌀쌀한 태도로 비웃음. 또는 그런 웃음.

06 쨍한 여름날 갑작스럽게 내린 [   ]이/가 한낮의 더위를 잠시 식혀 주었다.

볕이 나 있는 날 잠깐 오다가 그치는 비.

07 그는 이별의 아픔을 시로 [   ].

형체로는 분명히 나타나 있지 않은 것을 어떤 방법이나 매체를 통하여 구체적이고 명확한 형상으로 나타내다. 특히 어떤 소재를 예술적으로 재창조하는 일을 이른다.

08 군고구마를 좋아해서인지, 나는 고구마를 보면 추운 겨울을 [   ]된다.

하나의 관념이 다른 관념을 불러일으키다.

알아둡시다!

눈두덩
눈초리
눈동자
눈망울

09 그동안 내가 고생한 이야기를 들으신 어머니께서는 [   ]을/를 붉히셨다.
눈언저리의 속눈썹이 난 곳.

10 그의 작품에 대해 사람들은 "고통이 예술로 [   ]."라고 평가한다.
어떤 현상이 더 높은 상태로 발전하다.

11 [   ]은/는 차가우니 아랫목으로 앉으세요.
온돌방에서 아궁이로부터 먼 쪽의 방바닥.

12 일기는 자아 [   ]을/를 돕는 중요한 도구라고 할 수 있다.
자기의 마음을 반성하고 살핌.

▶ 화자가 바라본 바다의 모습과 ○○한 내용을 다음과 같이 정리해 봅시다.
– 국어 1–2

13 시를 쓸 때에는 누구나 들어 봤음 직한 [   ] 표현은 피하는 것이 좋다.
사상, 표현, 행동 따위가 낡아서 새롭지 못하다.

14 사람들은 길 잃은 강아지에게 [   ]의 눈길을 보냈다.
불쌍하고 가련하게 여김.

15 상징은 [   ]인 관념을 구체적인 사물로 나타내는 표현 방법이다.
① 어떤 사물이 직접 경험하거나 지각할 수 있는 일정한 형태와 성질을 갖추고 있지 않은. 또는 그런 것.
② 구체성이 없이 사실이나 현실에서 멀어져 막연하고 일반적인. 또는 그런 것.

▶ 상징이란 ○○○인 개념을 구체적인 대상으로 나타내는 표현 방법이다.
– 국어 1–1

16 [   ] 산 속 작은 절에 은은한 종소리가 울려 퍼졌다.
① 고요하고 아늑하다. ② 말없이 다소곳하거나 잠잠하다.

▶ 담양이나 창평 어디쯤 방을 얻어 / 다람쥐처럼 드나들고 싶어서 / ○○○한 마을만 보면 들어가 기웃거렸다.
– 나희덕, 〈방을 얻다〉

• 맞힌 개수 (   ) / 16문항

12개 이상	다음 회차로 넘어가도 되겠어요!
8개 ~11개	[문맥으로 소화하기] 한 번만 더 읽고 갈까요?
7개 이하	전체를 복습하고 넘어가야겠어요.

1 | 격정 | 강렬하고 갑작스러워 누르기 어려운 감정. | 냉정

2 | 무성하다 | 풀이나 나무 따위가 자라서 우거져 있다. | 풍성하다

3 | 공감 | 외부의 자극이 피부 감각을 통하여 전해지는 느낌. | 촉감

4 | 마중하다 | 오는 사람을 나가서 맞이하다. | 배웅하다

5 | 냉기 | 따뜻한 기운. | 온기

6 | 우레 | 떠들썩하게 기세를 올려 지르는 소리. | 아우성

7 | 아슴푸레 | 빛이 약하거나 멀어서 조금 어둑하고 희미한 모양. | 어둑서니

⑧ 굵다 　　　 알곡이나 과일, 모래 따위의 둥근 물건이나
글씨 따위의 크기가 작다. 　　　 잘다

⑨ 우러르다 　　　 ① 위를 향하여 고개를 정중히 쳐들다.
② 마음속으로 공경하여 떠받들다. 　　　 차오르다

⑩ 포용하다 　　　 괴로움이나 어려움을 참고 견디다. 　　　 인내하다

⑪ 함축적 　　　 말이나 글이 어떤 뜻을 속에 담고 있는. 또는 그런 것. 　　　 지시적

⑫ 서술적 　　　 어떤 생각, 과정 따위를 요약하여 한정된 시간이나
지면 안에서 짧게 보이는. 또는 그런 것. 　　　 압축적

⑬ 이상적 　　　 생각할 수 있는 범위 안에서 가장 완전하다고 여겨지는.
또는 그런 것. 　　　 현실적

⑭ 암담하다 　　　 ① 어두컴컴하고 쓸쓸하다.
② 희망이 없고 절망적이다. 　　　 찬란하다

02 **2단계** **꼼꼼히 확인하기** / 1단계 퀴즈의 정답은 아래에서 **초록색으로 표시**했습니다.
오답의 어휘와 뜻풀이까지 꼼꼼하게 확인해 보세요.

현대 시(2)

① ㄱ ㅈ 격할 격 激, 마음 정 情

강렬하고 갑작스러워 누르기 어려운 감정.

냉정 찰 냉 冷, 고요할 정 靜

생각이나 행동이 감정에 좌우되지 않고 침착함.

② ㅁ ㅅ 하다 우거질 무 茂, 가득할 성 盛

풀이나 나무 따위가 자라서 우거져 있다.

풍성하다 넉넉할 풍 豊, 가득할 성 盛

넉넉하고 많다.

③ ㄱ ㄱ 함께 공 共, 느낄 감 感

다른 사람의 마음이나 생각에 대해 자신도 그렇다고 똑같이 느낌.

촉감 닿을 촉 觸, 느낄 감 感

외부의 자극이 피부 감각을 통하여 전해지는 느낌. =감촉.

☺ 우리가 느낄 수 있는 다섯 가지 감각에는 시각(눈), 청각(귀), 후각(코), 미각(혀), 촉각(피부)이 있어.

④ ㅁ ㅈ 하다

오는 사람을 나가서 맞이하다.

배웅하다

떠나가는 손님을 일정한 곳까지 따라 나가서 작별하여 보내다.

⑤ **냉기** 찰 냉 冷, 공기 기 氣

① 찬 공기 또는 찬 기운.
② (비유적으로) 가라앉거나 차가워진 분위기.

◀▶ ㅇ ㄱ 따뜻할 온 溫, 공기 기 氣

따뜻한 기운.

⑥ ㅇ ㄹ

대기 중에서 매우 큰 소리와 번개가 함께 나타나는 현상. =천둥.

아우성 소리 성 聲

떠들썩하게 기세를 올려 지르는 소리.

관 **우레와 같은 박수**: 많은 사람이 치는 매우 큰 소리의 박수를 비유적으로 이르는 말.

⑦ ㅇ ㅅ ㅍ ㄹ

빛이 약하거나 멀어서 조금 어둑하고 희미한 모양.

어둑서니

어두운 밤에 아무것도 없는데, 있는 것처럼 잘못 보이는 것.

8 **굵다**

밤, 대추, 알 따위가 보통의 것보다 부피가 크다.

↔

ㅈ ㄷ

알곡이나 과일, 모래 따위의 둥근 물건이나 글씨 따위의 크기가 작다.

9 **우러르다**

① 위를 향하여 고개를 정중히 쳐들다.
② 마음속으로 공경하여 떠받들다.

ㅊ ㅇ ㄹ ㄷ

① 어떤 공간을 채우며 일정 높이에 다다라 오르다.
② 감정이 마음속에 점점 커지다.

10 **ㅍ ㅇ 하다** 쌀 포 包, 담을 용 容

남을 너그럽게 감싸 주거나 받아들이다.

인내하다 참을 인 忍, 견딜 내 耐

괴로움이나 어려움을 참고 견디다.

11 **ㅎ ㅊ ㅈ** 머금을 함 含, 쌓을 축 蓄, 어조사 적 的

말이나 글이 어떤 뜻을 속에 담고 있는. 또는 그런 것.

지시적 가리킬 지 指, 보일 시 示, 어조사 적 的

가리켜 보이는 성질을 지닌. 또는 그런 것.

😊 단어는 지시적 의미와 함축적 의미를 띠는데, 이때 지시적 의미란 국어사전에 나오는 의미라고 생각하면 돼.

12 **서술적** 쓸 서 敍, 지을 술 述, 어조사 적 的

사건이나 생각 따위를 차례대로 말하거나 적는 것을 특징으로 하는. 또는 그런 것.

ㅇ ㅊ ㅈ 누를 압 壓, 줄일 축 縮, 어조사 적 的

어떤 생각, 과정 따위를 요약하여 한정된 시간이나 지면 안에서 짧게 보이는. 또는 그런 것.

😊 시에 쓰인 시어는 일상 언어에 비해 압축적이고 함축적이라는 특징을 지녀.

13 **ㅇ ㅅ ㅈ** 이치 이 理, 생각 상 想, 어조사 적 的

생각할 수 있는 범위 안에서 가장 완전하다고 여겨지는. 또는 그런 것.

↔

현실적 지금 현 現, 실제 실 實, 어조사 적 的

① 현재 실제로 있는 것.
② 실제로 얻을 수 있는 이익을 가장 중요하게 여기는 것.

14 **암담하다** 어두울 암 暗, 싱거울 담 澹

① 어두컴컴하고 쓸쓸하다. ≒암막하다.
② 희망이 없고 절망적이다.

ㅊ ㄹ 하다 빛날 찬 燦, 빛날 란 爛

빛이 번쩍거리거나 수많은 불빛이 빛나는 상태이다. 또는 그 빛이 매우 밝고 강렬하다.

빈칸 답 ❶격정 ❷무성 ❸공감 ❹마중 ❺온기 ❻우레 ❼아슴푸레 ❽잘다 ❾차오르다 ❿포용 ⓫함축적 ⓬압축적 ⓭이상적 ⓮찬란

아래에서 빈칸에 알맞은 어휘를 〈보기〉에서 찾아 문맥에 맞게 쓰세요.

현대 시(2)

┌─ 보기 ─┐

격정	공감	냉기	냉정	우레	잘다	촉감
서술적	아우성	압축적	우러르다	이상적	지시적	함축적
마중하다	무성하다	배웅하다	아슴푸레	암담하다	어둑서니	포용하다

01 내가 자리를 비운 사이에 형과 누나가 싸우기라도 한 것인지, 방 안에는 [＿＿＿＿＿＿]이/가 흐르고 있었다.

① 찬 공기. ② 찬 기운. ③ 딱딱하거나 차가운 분위기를 비유적으로 이르는 말.

02 지난날의 행복했던 기억이 [＿＿＿＿＿＿] 떠오른다.

① 빛이 약하거나 멀어서 어둑하고 희미한 모양.
② 또렷하게 보이거나 들리지 아니하고 희미하고 흐릿한 모양.
③ 기억이나 의식이 분명하지 못하고 희미한 모양.

▶ 먼 곳에서 ○○○○ 빈 우레 소리 들리더니
　　　　　　　　　　　－ 오세영, 〈유성〉

03 나는 [＿＿＿＿＿＿]에 사로잡혀 전화를 끊어 버리고야 말았다.

강렬하고 갑작스러워 누르기 어려운 감정.

▶ 봄 한 철 / ○○을 인내한
　나의 사랑은 지고 있다.
　　　　　　　　　　　－ 이형기, 〈낙화〉

04 여행에서 돌아오는 친구를 [＿＿＿＿＿＿] 위해 공항으로 갔다.

오는 사람을 나가서 맞이하다.

▶ 깨끗이 씻은 자리 / 씨앗 ○○하려고
　/ 부지런히 목욕 중이야.
　　　　　　　　　－ 정현정, 〈나무들의 목욕〉

05 우리나라 선수들이 금메달을 목에 걸고 태극기를 [＿＿＿＿＿＿] 경례를 하였다.

① 위를 향하여 고개를 정중히 쳐들다.
② 마음속으로 공경하여 떠받들다.

▶ 죽는 날까지 하늘을 ○○○ / 한 점
　부끄럼이 없기를 / 잎새에 이는 바람
　에도 / 나는 괴로워했다.
　　　　　　　　　　　－ 윤동주, 〈서시〉

06 이 시는 이별을 맞이한 사람의 슬픈 마음을 [＿＿＿＿＿＿](으)로 표현하였다.

어떤 생각, 과정 따위를 요약하여 한정된 시간이나 지면 안에서 짧게 보이는. 또는 그런 것.

07 선생님께서는 따뜻한 말 한마디로 나의 실수를 [＿＿＿＿＿＿] 주셨다.

남을 너그럽게 감싸 주거나 받아들이다.

08 추운 날 외출하고 돌아오신 아버지의 코트에서 서늘한 [＿＿＿＿＿＿]이/가 느껴진다.

외부의 자극이 피부 감각을 통하여 전해지는 느낌.

차가운 느낌이 나네.

09 실직을 하고 나자 하루아침에 생계가 [   ] 되었다.

① 어두컴컴하고 쓸쓸하다.
② 희망이 없고 절망적이다.

10 올해 수확된 알밤의 크기는 작년에 비해 [   ].

① 알곡이나 과일, 모래 등의 둥근 물건이나 글씨의 크기가 작다. ② 길이가 있는 물건의 몸통의 굵기가 가늘고 작다.
③ 일이 작고 소소하다. ④ 세밀하고 자세하다. ⑤ 생각이나 성질이 대담하지 못하고 좀스럽다.

11 모름지기 좋은 글이란 독자의 [   ]을/를 이끌어 내는 글이다.

남의 감정, 의견, 주장 따위에 대하여 자기도 그렇다고 느낌. 또는 그렇게 느끼는 기분.

12 유명한 성악가의 멋진 공연이 끝나자 [   ]와/과 같은 박수가 터져 나왔다.

뇌성과 번개를 동반하는 대기 중의 방전 현상.

▶ 먼 곳에서 아슴푸레 빈 ○○ 소리 들리더니
– 오세영, 〈유성〉

가리켜 보이는 성질을 지닌. 또는 그런 것.

13 '하늘'의 [   ] 의미는 '땅 위로 펼쳐진 무한히 넓은 공간'이지만, 이 시에서는 '이상 세계'를 뜻한다.

말이나 글이 어떤 뜻을 속에 담고 있는. 또는 그런 것.

14 [   ] 의미란 낱말의 사전적 의미 외에, 작품 속의 문맥으로 보아 암시되거나 새롭게 구성되는 의미를 말한다.

15 묘지 위에 잡초가 [   ] 자라 있었다.

① 풀이나 나무 따위가 자라서 우거져 있다.
② 털이나 뿌리 따위가 엉킬 정도로 마구 자라 있다.
③ 생각이나 말, 소문 따위가 마구 뒤섞이거나 퍼져서 많다.

▶ ○○한 녹음과 그리고 / 머지않아 열매 맺는 / 가을을 향하여 / 나의 청춘은 꽃답게 죽는다.
– 이형기, 〈낙화〉

16 내가 [   ](으)로 여기는 사회는 노력한 만큼 대가가 주어지는 사회이다.

생각할 수 있는 범위 안에서 가장 완전하다고 여겨지는. 또는 그런 것.

• 맞힌 개수 (   ) / 16문항

12개 이상	다음 회차로 넘어가도 되겠어요!
8개 ~11개	[문맥으로 소화하기] 한 번만 더 읽고 갈까요?
7개 이하	전체를 복습하고 넘어가야겠어요.

교재 8~19쪽에서 공부한 어휘를 문제로 확인해 보세요.

[01~03] 다음 밑줄 친 말과 바꿔 쓰기에 가장 적절한 것을 고르시오.

01 좋은 목소리를 가진 선생님께서는 직접 시를 소리 내어 읽어 주셨다.
① 암송해   ② 낭송해   ③ 음미해   ④ 묵독해   ⑤ 속독해

02 그는 이별의 아픔을 예술로 발전시키겠다며 며칠째 그림 작업에 몰두하고 있다.
① 승화하겠다며   ② 암시하겠다며   ③ 함축하겠다며   ④ 형상화하겠다며   ⑤ 구체화하겠다며

03 배우 김 씨는 자신에 관한 잔뜩 퍼져 있는 소문을 뒤로 하고 황급히 해외로 출국했다.
① 풍성한   ② 풍족한   ③ 경미한   ④ 희박한   ⑤ 무성한

04 다음 ㉠~㉢에 들어갈 말을 순서대로 가장 적절하게 묶은 것은?

> • 시어의 (㉠) 의미는 시 전체의 문맥에 따라 결정된다.
> • 힘들 때에도 기쁠 때에도 함께하는 것이 (㉡)인 부부의 모습이다.
> • 감기에 심하게 걸린 데다가 병원비까지 많이 나오니 기분이 (㉢).

① 지시적   현실적   침울하다   ② 지시적   이상적   암담하다   ③ 함축적   구체적   암담하다
④ 함축적   이상적   암담하다   ⑤ 함축적   현실적   명랑하다

[05~07] 다음 뜻에 해당하는 단어를 찾아 바르게 연결하시오.

05 불쌍하고 가련하게 여김.   •   • ㉠ 고찰

06 어떤 것을 깊이 생각하고 연구함.   •   • ㉡ 연민

07 빛이 약하거나 멀어서 조금 어둑하고 희미한 모양.   •   • ㉢ 아슴푸레

[08~10] 다음 문장의 괄호 안에 들어갈 알맞은 단어를 고르시오.

08 눈이 동그란 민준이를 보면서 나는 귀여운 강아지를 ( ).
① 예상했다   ② 연상했다   ③ 묵상했다   ④ 구상했다   ⑤ 망상했다

09 시대에 뒤떨어진 사고방식을 지닌 그는 케케묵고 ( ) 이론을 주장했다.
① 참신한   ② 조신한   ③ 기발한   ④ 신선한   ⑤ 진부한

10 많은 사람이 형을 ( ) 고향을 떠나는 형도 차마 발길을 떼지 못하고 뒤를 돌아보았다.
① 마중하니   ② 조우하니   ③ 미행하니   ④ 배웅하니   ⑤ 환영하니

11 괄호 안에 공통으로 들어갈 단어로 알맞은 것은?

> • 선생님은 칠판에 선을 ( ) 그리셨다.
> • 올해는 비가 적당히 내려 감자가 ( ) 여물었다.
> • 할아버지는 일제 시대에 만주를 오가며 ( ) 장사를 하셨다.

① 얇게   ② 굵게   ③ 옅게   ④ 가늘게   ⑤ 두텁게

12 제시된 뜻풀이를 참고하여 다음 십자말풀이를 완성하시오.

가로 열쇠

1. 나이가 들어 늙은 때. 또는 늙은 나이.
2. 떠들썩하게 기세를 올려 지르는 소리.
3. 사건이나 생각 따위를 차례대로 말하거나 적는 것을 특징으로 하는. 또는 그런 것.
4. 쌀쌀한 태도로 비웃음. 또는 그런 웃음.
5. 강렬하고 갑작스러워 누르기 어려운 감정.
6. 다른 사람의 마음이나 생각에 대해 자신도 그렇다고 똑같이 느낌.

세로 열쇠

2. 주로 남자 형제들 사이에서 손아랫사람을 이르거나 부르는 말. 형과 ○○.
4. 생각이나 행동이 감정에 좌우되지 않고 침착함.
7. 외부의 자극이 피부 감각을 통하여 전해지는 느낌. 늑촉감
8. 시의 제목이나 제재.

| 1 | 강호 | 맑은 물이 흐르는 강. | 청강 清江 |

| 2 | 구천 九泉 | 땅속 깊은 밑바닥이란 뜻으로, 죽은 뒤에 넋이 돌아가는 곳을 이르는 말. | 지천 |

| 3 | 두렁 | 풀, 짚 또는 가축의 배설물 등을 썩힌 거름. | 두엄 |

| 4 | 만물 | 세상에 있는 모든 것. | 미물 |

| 5 | 백로 | 부리, 목, 다리가 길고 몸이 흰색인 왜가릿과의 새. | 백송골 |

| 6 | 선혈 | 타박상 등으로 살 속에 피가 맺힘. 또는 그 피. | 어혈 |

| 7 | 성마르다 | 몹시 노엽거나 언짢은 기분이 일다. | 성나다 |

⑧ 송죽 — 소나무와 대나무를 아울러 이르는 말. — 매란국죽

⑨ 풍광 — 밝고 환함. 또는 밝은 미래나 희망을 상징하는 밝고 환한 빛. — 광명

⑩ 과찬하다 — 무엇이 훌륭하거나 좋거나 아름답다고 찬양하다. — 예찬하다

⑪ 절개 節槪 — 신념, 신의 등을 굽히지 않고 굳게 지키는 꿋꿋한 태도. — 변절

⑫ 충신 — 나라와 임금을 위하여 충성을 다하는 신하. — 간신 奸臣

⑬ 충의 — 임금을 그리워함. — 연군

⑭ 탐관오리 — 백성의 재물을 탐내어 빼앗는, 행실이 깨끗하지 못한 관리. — 청백리

고전 시가

1 **강호** 강 강 江, 호수 호 湖

① 강과 호수를 아울러 이르는 말. ② 예전에, 은자나 시인, 묵객 등이 현실을 도피하여 생활하던 시골이나 자연.

😊 고전 시가에서 '강호'는 ②의 뜻으로 자주 쓰여. 조선 시대에 자연을 벗 삼아 지내면서 일으킨 시가 창작의 한 경향을 '강호가도(江湖歌道)'라고 해.

ㅊ ㄱ 맑을 청 淸, 강 강 江

맑은 물이 흐르는 강.

2 **구천** 아홉 구 九, 샘 천 泉

땅속 깊은 밑바닥이란 뜻으로, 죽은 뒤에 넋이 돌아가는 곳을 이르는 말.

ㅈ ㅊ 이를 지 至, 천할 천 賤

① 더할 나위 없이 천함. ② 매우 흔함.

3 **두렁**

논이나 밭 가장자리에 경계를 이룰 수 있도록 두두룩하게 만든 것. =두둑.

ㄷ ㅇ

풀, 짚 또는 가축의 배설물 등을 썩힌 거름. ≒퇴비.

4 ㅁ ㅁ 일만 만 萬, 물건 물 物

세상에 있는 모든 것.

미물 작을 미 微, 물건 물 物

① 작고 변변치 않은 물건. ② 인간에 비하여 보잘것없는 것이라는 뜻으로, '동물'을 이르는 말.

😊 '미물'은 변변치 못한 사람을 낮잡아 이르는 말로도 쓰여.

5 ㅂ ㄹ 흰 백 白, 해오라기 로 鷺

부리, 목, 다리가 길고 몸이 흰색인 왜가릿과의 새.

백송골 흰 백 白, 소나무 송 松, 송골매 골 鶻

매 종류 가운데 몸이 희고 크며 성질이 굳세고 날쌔어 사냥하는 데 쓰이는 새.

6 **선혈** 싱싱할 선 鮮, 피 혈 血

생생한 피.

ㅇ ㅎ 병 어 瘀, 피 혈 血

타박상 등으로 살 속에 피가 맺힘. 또는 그 피.

7 **성마르다** 성품 성 性

참을성이 없고 성질이 조급하다.

ㅅ ㄴ ㄷ

몹시 노엽거나 언짢은 기분이 일다.

8 **ㅅ ㅈ** 소나무 송 松, 대나무 죽 竹

소나무와 대나무를 아울러 이르는 말.

매란국죽 매화 매 梅, 난초 란 蘭, 국화 국 菊, 대나무 죽 竹

매화와 난초와 국화와 대나무라는 뜻으로, '사군자(四君子)' 를 달리 이르는 말.

😊 '군자'는 행실이 점잖고 어질며 덕(德)과 학식이 높은 사람을 일컫는 말이야. 옛 사람들은 매화, 난초, 국화, 대나무가 군자의 인품과 같은 특성을 지녔다고 하여 '사군자'라고 불렀어.

9 **ㅍ ㄱ** 바람 풍 風, 빛 광 光

산이나 들, 강, 바다 등의 자연이나 지역의 모습. =경치.

광명 빛 광 光, 밝을 명 明

밝고 환함. 또는 밝은 미래나 희망을 상징하는 밝고 환한 빛.

10 **과찬하다** 지날 과 過, 기릴 찬 讚

지나치게 칭찬하다.

ㅇ ㅊ하다 예도 예 禮, 기릴 찬 讚

무엇이 훌륭하거나 좋거나 아름답다고 찬양하다.

11 **ㅈ ㄱ** 절개 절 節, 절개 개 槪

신념, 신의 등을 굽히지 않고 굳게 지키는 꿋꿋한 태도.

😊 '절개'는 '지조(志操)'와 함께 자주 쓰여. '지조'는 원칙과 신념을 굽히지 않고 끝까지 지켜 나가는 꿋꿋한 의지를 뜻해.

변절 변할 변 變, 절개 절 節

절개나 지조를 지키지 않고 바꿈.

12 **충신** 충성 충 忠, 신하 신 臣

나라와 임금을 위하여 충성을 다하는 신하.

ㄱ ㅅ 간사할 간 奸, 신하 신 臣

간사한 신하.

😊 '간사(奸邪)하다'는 자기의 이익을 위하여 나쁜 꾀를 부리는 등 마음이 바르지 않다는 뜻이야.

13 **충의** 충성 충 忠, 옳을 의 義

충성과 절의를 아울러 이르는 말.

😊 '절의(節義)'는 절개와 의리를 뜻해.

ㅇ ㄱ 사모할 연 戀, 임금 군 君

임금을 그리워함.

14 **ㅌ ㄱ ㅇ ㄹ** 탐낼 탐 貪, 벼슬 관 官, 더러울 오 汚, 관리 리 吏

백성의 재물을 탐내어 빼앗는, 행실이 깨끗하지 못한 관리.

청백리 맑을 청 淸, 흰 백 白, 관리 리 吏

재물에 대한 욕심이 없이 곧고 깨끗한 관리.

빈칸 답 ❶청강 ❷지천 ❸두엄 ❹만물 ❺백로 ❻어혈 ❼성나다 ❽송죽 ❾풍광 ❿예찬 ⓫절개 ⓬간신 ⓭연군 ⓮탐관오리

┌ 보기 ┐

강호	구천	두렁	두엄	만물	미물	변절
송죽	어혈	연군	절개	지천	청강	충신
충의	풍광	백송골	성나다	과찬하다	성마르다	탐관오리

01 조선 시대의 시조 중에는 [   ]에 묻혀 사는 선비의 한적한 삶을 노래한 것이 많다.

① 강과 호수를 아울러 이르는 말.
② 예전에, 은자(隱者)나 시인(詩人), 묵객(墨客) 등이 현실을 도피하여 생활하던 시골이나 자연.
③ '세상'을 비유적으로 이르는 말.

02 농부는 농작물이 잘 자라도록 밭에 [   ]을/를 뿌려 주었다.

풀, 짚 또는 가축의 배설물 등을 썩힌 거름.

▶ 두꺼비 파리를 물고 ○○ 위에 치달아 앉자
– 작자 미상, 〈두꺼비 파리를 물고〉

03 사냥꾼은 자신이 직접 길들인 [   ]을/를 거느리고 사냥을 나갔다.

매 종류 가운데 몸이 희고 크며 성질이 굳세고 날쌔어 사냥하는 데 쓰이는 새.

▶ 건넛산 바라보니 ○○○이 떠 있거늘 가슴이 섬뜩하여
– 작자 미상, 〈두꺼비 파리를 물고〉

04 그는 넘어져서 퍼렇게 [   ]이/가 생긴 무릎을 나에게 내보였다.

타박상 등으로 살 속에 피가 맺힘. 또는 그 피.

▶ 풀떡 뛰어 내닫다가 두엄 아래 자빠지거고 / 모쳐라 날랜 나일망정 ○○ 질 뻔하여라.
– 작자 미상, 〈두꺼비 파리를 물고〉

05 충성스럽고 [   ]이/가 굳었던 신하가 간신의 모함으로 억울하게 죽임을 당했다.

① 신념, 신의 등을 굽히지 않고 굳게 지키는 꿋꿋한 태도.
② 지조와 정조를 깨끗하게 지키는 여자의 품성.

06 [   ]들은 자신의 이익을 위해 힘없는 백성들을 괴롭혔다.

백성의 재물을 탐내어 빼앗는, 행실이 깨끗하지 못한 관리.

07 아무리 작은 [   ]일지라도 소중한 생명이니 함부로 해쳐서는 안 된다.

① 작고 변변치 않은 물건.
② 인간에 비하여 보잘것없는 것이라는 뜻으로, '동물'을 이르는 말.
③ 변변치 못한 사람을 낮잡아 이르는 말.

08 그는 지조가 [   ]같이 굳센 사람이다.

소나무와 대나무를 아울러 이르는 말.

우리는 추운 겨울에도 푸르다!!

09 선생님께서 부족한 점이 많은 내 작품을 [   ] 주셔서 나는 몹시 부끄러웠다.
지나치게 칭찬하다.

10 변절하지 않고 왕을 위해 목숨을 바친 [   ]은/는 오래도록 칭송받았다.
나라와 임금을 위하여 충성을 다하는 신하.

11 그 아이는 [   ] 성격이라 쉽게 화를 내고 변덕을 부린다.
참을성이 없고 성질이 조급하다.

12 조선 시대에는 임금에 대한 지조를 지키며 [   ]의 정을 표현한 시조가 많이 창작되었다.
임금을 그리워함.

13 봄이 한창이라 들에는 꽃들이 [   ](으)로 피어 있다.
① 더할 나위 없이 천함. ② 매우 흔함.

14 무당은 한이 많아 [   ]을/를 떠도는 영혼을 위해 굿을 시작했다.
땅속 깊은 밑바닥이란 뜻으로, 죽은 뒤에 넋이 돌아가는 곳을 이르는 말.

▶ 솔아 너는 어찌 눈서리를 모르는다. / ○○에 뿌리 곧은 줄을 그로 하여 아노라.
– 윤선도, 〈오우가〉

15 조선 시대에는 신하가 임금을 사랑하고 정성껏 모시는 [   ]을/를 강조했다.
충성과 절의를 아울러 이르는 말.

16 비바람이 [   ] 표범처럼 휘몰아쳤다.
① 몹시 노엽거나 언짢은 기분이 일다.
② 거칠고 격한 기운이 일다. ③ 종기 등이 덧나다.

▶ 까마귀 싸우는 골에 백로야 가지 마라 / ○○ 까마귀 흰빛을 시샘하니
– 정몽주의 어머니, 〈까마귀 싸우는 골에〉

17 [   ] 위로 백로가 흰 날개를 펴고 날아가고 있었다.
맑은 물이 흐르는 강.

▶ ○○에 맑게 씻은 몸 더럽힐까 하노라.
– 정몽주의 어머니, 〈까마귀 싸우는 골에〉

18 그는 사계절의 아름다운 [   ]을/를 예찬하는 작품을 많이 남겼다.
① 산이나 들, 강, 바다 등의 자연이나 지역의 모습.
② 사람의 용모와 품격.

• 맞힌 개수 (   ) / 18문항

12개 이상	다음 회차로 넘어가도 되겠어요!
8개 ~11개	[문맥으로 소화하기] 한 번만 더 읽고 갈까요?
7개 이하	전체를 복습하고 넘어가야겠어요.

① 시인 — 시 속에서 이야기하는 사람. — 시적 화자

② 어조 — 시적 화자가 사용하는 말투. — 정서

③ 운율 — 시를 읽을 때 느껴지는 말의 가락. — 심상

④ 외형률 — 겉으로 명확히 드러나지는 않지만 작품에 깃들어 있어 새겨 읽으면 느낄 수 있는 운율. — 내재율

⑤ 의성어 — 사람이나 사물의 모양이나 움직임을 흉내 낸 말. '아장아장', '엉금엉금', '번쩍번쩍' 등. — 의태어

⑥ 자유시 — 일정한 형식과 규칙에 맞추어 지은 시. 우리나라의 시조가 대표적임. — 정형시

⑦ 비유 — 어떤 대상을 직접 설명하지 않고 그와 유사한 다른 대상에 빗대어 표현하는 방법. — 상징

⑧ 원관념   비유법에서, 표현하고자 하는 실제 내용.   보조 관념

⑨ 직유법   '~처럼, ~같이' 등을 사용하여 원관념을
보조 관념에 직접 빗대어 표현하는 방법.   은유법

⑩ 설의법   사람이 아닌 시적 대상을 마치 사람이
행동하는 것처럼 표현하는 방법.   의인법

⑪ 반어   이치에 맞지 않고 모순되는 표현처럼 보이지만
그 속에 진실을 담고 있는 표현 방법.   역설

⑫ 시조   고려 말기부터 발달하여 온 우리나라 고유의 정형시.
3장 6구 45자 내외를 기본으로 함.   향가

⑬ 연시조   두 개 이상의 평시조가 하나의 제목으로
엮어져 있는 시조.   사설시조

⑭ 중장   시조의 마지막 장.   종장

04 **2단계** **꼼꼼히 확인하기** / 1단계 퀴즈의 정답은 아래에서 **초록색으로 표시**했습니다.
오답의 어휘와 뜻풀이까지 꼼꼼하게 확인해 보세요.

시 필수 개념어

① **시인**　시 시 詩, 사람 인 人

시를 전문적으로 짓는 사람.

시적 ㅎ ㅈ　시 시 詩, 어조사 적 的, 말씀 화 話, 사람 자 者

시 속에서 이야기하는 사람.

😄 시적 화자는 시인이 표현하고 싶은 생각이나 감정, 느낌을 효과적으로 전달하기 위하여 꾸며 낸 존재야.

② ㅇ ㅈ　말씀 어 語, 가락 조 調

시적 화자가 사용하는 말투.

정서　뜻 정 情, 실마리 서 緖

시적 화자가 시적 상황이나 시적 대상에 대해 느끼는 다양한 감정이나 기분.

😄 시적 화자의 정서는 주로 어조를 통해 드러나.

③ **운율**　운 운 韻, 법칙 율 律

시를 읽을 때 느껴지는 말의 가락.

😄 운율은 같거나 비슷한 소리가 일정하게 반복될 때 느낄 수 있어.

ㅅ ㅅ　마음 심 心, 모양 상 象

시를 읽을 때 독자의 마음속이나 머릿속에 떠오르는 영상이나 감각.

④ ㅇ ㅎ ㄹ　바깥 외 外, 모양 형 形, 법칙 률 律

시의 겉으로 드러나는 운율.

내재율　안 내 內, 있을 재 在, 법칙 율 律

겉으로 명확히 드러나지는 않지만 작품에 깃들어 있어 새겨 읽으면 느낄 수 있는 운율.

⑤ **의성어**　흉내 낼 의 擬, 소리 성 聲, 말씀 어 語

사람이나 사물의 소리를 흉내 낸 말. '쌕쌕', '멍멍', '땡땡' 등.

ㅇ ㅌ ㅇ　흉내 낼 의 擬, 모습 태 態, 말씀 어 語

사람이나 사물의 모양이나 움직임을 흉내 낸 말. '아장아장', '엉금엉금', '번쩍번쩍' 등.

😄 의성어나 의태어를 사용하면 운율을 형성할 수 있어.

⑥ ㅈ ㅇ ㅅ　스스로 자 自, 말미암을 유 由, 시 시 詩

정해진 형식이나 운율에 구애받지 않고 자유로운 형식으로 이루어진 시.

정형시　정할 정 定, 모형 형 型, 시 시 詩

일정한 형식과 규칙에 맞추어 지은 시. 우리나라의 시조가 대표적임.

⑦ **비유**　견줄 비 比, 깨우칠 유 喩

어떤 대상을 직접 설명하지 않고 그와 유사한 다른 대상에 빗대어 표현하는 방법.

ㅅ ㅈ　모양 상 象, 부를 징 徵

표현하고자 하는 대상을 숨기고 구체적인 다른 사물로 대신하여 표현하는 방법.

😄 비유는 표현하고자 하는 대상이 드러나고, 상징은 드러나지 않는다는 점에서 차이가 있어.

⑧ 원관념   근원 원 原, 볼 관 觀, 생각 념 念

비유법에서, 표현하고자 하는 실제 내용.

ㅂ ㅈ 관념   도울 보 補, 도울 조 助, 볼 관 觀, 생각 념 念

비유에서 원관념의 뜻이나 분위기가 잘 드러나도록 도와주는 관념.

⑨ 직유법   곧을 직 直, 깨우칠 유 喩, 법 법 法

'~처럼, ~같이' 등을 사용하여 원관념을 보조 관념에 직접 빗대어 표현하는 방법.

(예) 배춧잎 같은 발소리 타박타박

ㅇ ㅇ ㅂ   숨을 은 隱, 깨우칠 유 喩, 법 법 法

'A는 B이다'와 같은 형식으로 원관념과 보조 관념이 동일한 것처럼 표현하는 방법.

(예) 내 마음은 호수요 / 그대 노 저어 오오

⑩ 설의법   베풀 설 設, 의심할 의 疑, 법 법 法

말하려는 내용을 의문문의 형식으로 표현하여 의미를 강조하는 표현 방법.

(예) 가난하다고 해서 사랑을 모르겠는가

ㅇ ㅇ ㅂ   비길 의 擬, 사람 인 人, 법 법 法

사람이 아닌 시적 대상을 마치 사람이 행동하는 것처럼 표현하는 방법.

(예) 돌담에 속삭이는 햇발같이 / 풀 아래 웃음 짓는 샘물같이

⑪ ㅂ ㅇ   돌이킬 반 反, 말씀 어 語

표현 효과를 높이기 위하여 속마음과 반대로 표현하는 방법.

(예) 오늘도 어제도 아니 잊고 / 먼 훗날 그때에 '잊었노라'

역설   거스를 역 逆, 말씀 설 說

이치에 맞지 않고 모순되는 표현처럼 보이지만 그 속에 진실을 담고 있는 표현 방법.

(예) 아아 님은 갔지마는 나는 님을 보내지 아니하였습니다.

⑫ 시조   때 시 時, 가락 조 調

고려 말기부터 발달하여 온 우리나라 고유의 정형시. 3장 6구 45자 내외를 기본으로 함.

😀 시조는 '초장-중장-종장'의 3장(행)으로 구성되고 각 장이 2구씩 구성돼 총 6구로 이루어져.

ㅎ ㄱ   시골 향 鄕, 노래 가 歌

향찰(鄕札)로 기록한 신라 때의 노래.

⑬ 연시조   연이을 연 聯, 때 시 時, 가락 조 調

두 개 이상의 평시조가 하나의 제목으로 엮어져 있는 시조.

😀 '평시조'란 3장 형식으로 이루어진 가장 기본적인 시조를 말해.

ㅅ ㅅ 시조   말씀 사 辭, 말씀 설 說, 때 시 時, 가락 조 調

초장·중장이 제한 없이 길며, 종장도 길어진 시조. 조선 중기 이후 발달함.

⑭ 중장   가운데 중 中, 글 장 章

시조의 가운데 장.

ㅈ ㅈ   마칠 종 終, 글 장 章

시조의 마지막 장.

빈칸 답 ❶화자 ❷어조 ❸심상 ❹외형률 ❺의태어 ❻자유시 ❼상징 ❽보조 ❾은유법 ❿의인법 ⓫반어 ⓬향가 ⓭사설 ⓮종장

04 3단계 문맥으로 소화하기

아래에서 빈칸에 알맞은 어휘를 <보기>에서 찾아 문맥에 맞게 쓰세요.

시 필수 개념어

보기

반어	비유	상징	시인	시조	심상	어조
역설	운율	정서	종장	중장	설의법	원관념
은유법	의성어	의인법	의태어	직유법	보조 관념	시적 화자

01 '엄마야 누나야 강변 살자'라는 시행을 통해 [   ]이/가 남자아이임을 추측할 수 있다.
시 속에서 이야기하는 사람.

02 긍정적인 [   ]에는 '기쁨, 즐거움, 소망, 희망' 등이 있다.
시적 화자가 시적 상황이나 시적 대상에 대해 느끼는 다양한 감정이나 기분.

03 독자는 시적 화자의 [   ]을/를 통해 대상이나 상황에 대한 화자의 정서와 태도를 추측할 수 있다.
시적 화자가 사용하는 말투.

04 이 시의 화자는 고요한 자신의 마음을 잔잔한 호수에 [   ]하였다.
어떤 대상을 직접 설명하지 않고 그와 유사한 다른 대상에 빗대어 표현하는 방법.

05 비둘기는 평화의 [   ](으)로 여겨진다.
표현하고자 하는 대상을 숨기고 구체적인 다른 사물로 대신하여 표현하는 방법.

06 '나는 찬밥처럼 방에 담겨'에서 '찬밥'의 [   ]은/는 '나'이다.
비유법에서, 표현하고자 하는 실제 내용.

07 '내 마음은 호수요'에는 화자의 '마음'을 '호수'에 빗댄 [   ]이/가 사용되었다.
'A는 B이다'와 같은 형식으로 원관념과 보조 관념이 동일한 것처럼 표현하는 방법.

08 '바람은 내 귀에 속삭이며'에는 바람이 마치 사람과 같이 속삭인다고 표현한 [   ]이/가 사용되었다.
사람이 아닌 시적 대상을 마치 사람이 행동하는 것처럼 표현하는 방법.

09 이 시의 화자는 사랑하는 사람을 잊지 못했음에도 불구하고 "잊었노라"라며 [   ]적
으로 표현하고 있다.

<small>표현 효과를 높이기 위하여 속마음과 반대로 표현하는 방법.</small>

10 사랑하는데도 너무 밉다니, 그것 참 [   ]적인 표현이구나.

<small>이치에 맞지 않고 모순되는 표현처럼 보이지만 그 속에 진실을 담고 있는 표현 방법.</small>

<small>말하려는 내용을 의문문의 형식으로 표현하여 의미를 강조하는 표현 방법.</small>

11 [   ]은/는 누구나 알고 있거나 쉽게 예측되는 결과를 물음으로써 독자가 스스로
생각해 보거나 판단하게 하여 의미를 강조하는 표현 방법이다.

12 '발소리 타박타박'에는 귀로 느낄 수 있는 청각적 [   ]이/가 사용되었다.

<small>시를 읽을 때 독자의 마음속이나 머릿속에 떠오르는 영상이나 감각.</small>

13 의성어, 의태어는 같은 음절이나 단어가 반복되는 경우가 많기 때문에, 이들을 활용하면
[   ]을/를 형성할 수 있다.

<small>시를 읽을 때 느껴지는 말의 가락.</small>

14 [   ]은/는 오늘날까지도 창작되고 있는 우리 시가 문학의 대표적 갈래이다.

<small>고려 말기부터 발달하여 온 우리나라 고유의 정형시. 3장 6구 45자 내외를 기본으로 함.</small>

15 시조 [   ]의 첫 음보는 3음절이어야 한다.

<small>시조의 마지막 장.</small>

• 맞힌 개수 (   ) / 15문항

12개 이상	다음 회차로 넘어가도 되겠어요!
8개 ~11개	[문맥으로 소화하기] 한 번만 더 읽고 갈까요?
7개 이하	전체를 복습하고 넘어가야겠어요.

[01~03] 다음 문장의 괄호 안에 들어갈 알맞은 단어를 고르시오.

01 아버지는 사시사철 변함이 없는 (미물 / 송죽) 같은 곧은 성품을 지니셨다.

02 코를 감싸고 있는 그의 손가락 사이로 새빨간 (선혈 / 어혈)이 흐르기 시작했다.

03 (청백리 / 탐관오리)들은 백성들에게 억지로 곡식을 빌려주고 거기에 높은 이자를 매기는 등의 방법으로 부당한 이익을 취했다.

04 다음 ㉠~㉢에 들어갈 말을 순서대로 가장 적절하게 묶은 것은?

> • 나쁜 속셈을 가진 (㉠)들의 말에 판단력이 흐려진 왕은 나라를 어지럽게 만들었다.
> • 그는 벼슬길을 마다하고 자연을 벗 삼아 (㉡)에 묻혀 살면서 많은 문학 작품을 남겼다.
> • 매화는 추위 속에서도 강인하게 꽃을 피워 내기 때문에 선비의 굽히지 않는 (㉢)을/를 상징하게 되었다.

① 간신 강호 변절   ② 간신 강호 절개   ③ 간신 구천 광명
④ 충신 구천 변절   ⑤ 충신 강호 절개

05 제시된 뜻풀이를 참고하여 다음 십자말풀이를 완성하시오.

가로 열쇠

1. 풀, 짚 또는 가축의 배설물 등을 썩힌 거름.
3. 사람이나 사물의 소리를 흉내 낸 말.
6. 무엇이 훌륭하거나 좋거나 아름답다고 찬양하다.
7. 시를 읽을 때 독자의 마음속이나 머릿속에 떠오르는 영상이나 감각.

세로 열쇠

1. 논이나 밭 가장자리에 경계를 이룰 수 있도록 두두룩하게 만든 것.
2. 충성과 절의를 아울러 이르는 말.
4. 사람이나 사물의 모양이나 움직임을 흉내 낸 말.
5. 몹시 노엽거나 언짢은 기분이 일다.
8. 표현하고자 하는 대상을 숨기고 구체적인 다른 사물로 대신하여 표현하는 방법.

[06~08] 다음 표현 방법에 해당하는 예를 찾아 바르게 연결하시오.

06 은유법 • 　　　　　　　　　　　• ㉠ 그는 여우처럼 교활하다.

07 직유법 • 　　　　　　　　　　　• ㉡ 활짝 핀 꽃들이 방긋 웃는다.

08 의인법 • 　　　　　　　　　　　• ㉢ 그대의 눈동자는 나의 거울이다.

[09~11] 다음 설명에 해당하는 개념을 〈보기〉에서 찾아 쓰시오.

> ● 보기 ●
>
> 반어　　　　설의법　　　　비유　　　　원관념　　　　역설

09 표현 효과를 높이기 위하여 속마음과 반대로 표현하는 방법. ➡ (　　　　　　　)

10 어떤 대상을 직접 설명하지 않고 그와 유사한 다른 대상에 빗대어 표현하는 방법. ➡ (　　　　　　　)

11 이치에 맞지 않고 모순되는 표현처럼 보이지만 그 속에 진실을 담고 있는 표현 방법. ➡ (　　　　　　　)

[12~14] 주어진 뜻을 참고하여, 다음 예문의 괄호 안에 들어갈 단어를 〈보기〉의 글자들을 조합하여 만드시오.

> ● 보기 ●
>
> 조　관　적　보　정　전　어　서　념　조

12 시적 화자가 사용하는 말투.
예 이 시의 화자는 감정을 절제한 담담한 (　　　　　　　)(으)로 비극적인 상황을 표현하고 있다.

13 비유에서 원관념의 뜻이나 분위기가 잘 드러나도록 도와주는 관념.
예 '내 마음은 갈대이다.'에서 '갈대'는 '내 마음'의 (　　　　　　　)이다.

14 시적 화자가 시적 상황이나 시적 대상에 대해 느끼는 다양한 감정이나 기분.
예 이 시에 나타나는 '외로운', '어두운' 등의 시어에서 화자의 부정적인 (　　　　　　　)이/가 드러난다.

[1~2] 다음을 읽고, 물음에 답하시오.

열무 삼십 ㉠단을 이고
시장에 간 우리 엄마
안 오시네, 해는 시든 지 오래
나는 찬밥처럼 방에 담겨
아무리 천천히 숙제를 해도
엄마 안 오시네, 배춧잎 같은 발소리 타박타박
안 들리네, 어둡고 무서워
금 간 창틈으로 ㉡고요히 빗소리
빈방에 혼자 엎드려 훌쩍거리던

아주 먼 옛날
지금도 내 ㉢눈시울을 뜨겁게 하는
그 **시절(時節)**, 내 ㉣유년의 ㉤윗목

– 기형도, 〈엄마 걱정〉 / 천재(노)·천재(박) 2–1

[세부 내용 이해하기]
1 이 시의 화자에 대한 설명으로 적절하지 <u>않은</u> 것은?

① 이 시의 화자는 '나'이다.
② 이 시의 화자는 자신의 과거를 회상하고 있다.
③ 유년 시절 화자의 엄마는 시장에서 열무를 파는 일을 했다.
④ 유년 시절 화자는 밤늦도록 돌아오지 않는 엄마를 기다리며 눈물을 흘렸다.
⑤ 화자는 가난하고 외로웠던 자신의 유년 시절을 따뜻하고 행복했던 기억으로 간직하고 있다.

[어휘의 사전적 의미]
2 ㉠~㉤의 사전적 의미로 적절하지 <u>않은</u> 것은?

① ㉠: 짚, 땔나무, 채소 등의 묶음을 세는 단위.
② ㉡: 조용하고 잠잠하게.
③ ㉢: 귀 쪽으로 가늘게 좁혀진 눈의 가장자리.
④ ㉣: 어린 나이나 때. 또는 어린 나이의 아이.
⑤ ㉤: 온돌방에서 아궁이로부터 먼 쪽의 방바닥.

[3~4] 다음을 읽고, 물음에 답하시오.

✎ 지문 이해

해제 (　　)이 지는 모습
을 통해 이별의 의미를 형상화
하는 시이다.

주제 (　　)을 통한 영혼
의 성숙

가야 할 때가 언제인가를 / 분명히 알고 가는 이의
뒷모습은 얼마나 아름다운가.

봄 한철 / ㉠격정을 ㉡인내한 / 나의 사랑은 지고 있다.

분분한 낙화…… / ⓐ결별이 이룩하는 축복에 싸여
지금은 가야 할 때,

㉢무성한 ㉣녹음과 그리고 / 머지않아 열매 맺는 / 가을을 향하여

나의 청춘은 꽃답게 죽는다.

헤어지자. / 섬세한 손길을 흔들며 / 하롱하롱 꽃잎이 지는 어느 날

나의 사랑, 나의 ㉤결별, / 샘터에 물 고이듯 **성숙(成熟)하는**
내 영혼의 슬픈 눈.

– 이형기, 〈낙화〉 / 천재(노) 2–2

[표현상 특징]

3 ⓐ와 같은 표현법이 사용된 것은?

① 강물이 춤을 춘다.
② 배춧잎 같은 발소리
③ 내 마음은 호수요, / 그대 노 저어 오오.
④ 오늘도 어제도 아니 잊고 / 먼 훗날 그때에 '잊었노라'
⑤ 아아 님은 갔지마는 나는 님을 보내지 아니하였습니다.

📖 어휘력 넓히기

익을 숙(熟)

● **성숙(成熟)하다** ① 생물의 발
육이 완전히 이루어지다. ② 몸
과 마음이 자라서 어른스럽게 되
다.

● **능숙(能熟)하다** 능하고 익숙하
다.

● **미숙(未熟)하다** 일 등에 익숙하
지 못하여 서투르다.

☑ **간단 확인**
그 신입 사원은 아직은 회사 일
에 (　　).

[어휘의 문맥적 의미]

4 ㉠~㉤을 문장에 사용한 것으로 적절하지 않은 것은?

① ㉠: 나는 느닷없이 치밀어 오르는 격정 때문에 다음 말을 이을 수가 없었다.
② ㉡: 그는 현실의 고통을 인내하며 꿈을 이루기 위해 노력해 왔다.
③ ㉢: 돌보지 않은 묘에 잡초가 무성하게 자라 있다.
④ ㉣: 녹음이 잘되어 소리가 선명하게 들렸다.
⑤ ㉤: 조국의 분단은 많은 사람이 가족과 결별하게 만들었다.

[5~6] 다음을 읽고, 물음에 답하시오.

✎ 지문 이해

해제 다섯 자연물을 자신의
(   )이라 소개하고 다섯
자연물의 덕을 예찬하는 연시
조이다.

주제 다섯 자연물의 덕
(   )

내 벗이 몇이나 하니 **수석(水石)**과 ㉠송죽(松竹)이라.
동산(東山)에 달 오르니 그 더욱 반갑고야.
두어라 이 다섯밖에 또 더하여 무엇하리.   (제1수)

더우면 꽃 피고 추우면 잎 지거늘
㉡솔아 너는 어찌 눈서리를 °모르는다.
㉢구천(九泉)에 뿌리 곧은 줄을 그로 하여 아노라.   (제4수)

작은 것이 높이 떠서 ㉣만물을 다 비추니
밤중의 ㉤광명이 너만 한 이 또 있느냐.
보고도 말 아니하니 내 벗인가 하노라.   (제6수)

– 윤선도, 〈오우가(五友歌)〉에서 / 동아·비상·천재(박) 1–1

● **모르는다** 모르느냐.

[세부 내용 이해하기]

5 이 시조를 감상한 학생들의 반응으로 적절하지 <u>않은</u> 것은?

① 화자는 다섯 벗 말고는 다른 것이 필요 없다고 말하고 있어.
② 물, 바위, 소나무, 대나무, 달을 '내 벗'이라고 소개하고 있어.
③ 세상을 밝게 비추면서도 과묵한 '달'의 품성을 예찬하고 있어.
④ '눈서리'를 맞아도 변하지 않는 '꽃'의 아름다움을 예찬하고 있어.
⑤ '솔'은 어떤 어려움이 와도 흔들리지 않는 지조, 절개를 상징한다고 볼 수 있어.

🗐 어휘력 넓히기

돌 석(石)

● **수석(水石)** ¦ 물과 돌을 아울러
이르는 말.

● **석조(石造)** ¦ 돌로 물건을 만드
는 일. 또는 그 물건.

● **초석(礎石)** ¦ ① 기둥 밑에 기초로
받쳐 놓은 돌. ② 어떤 사물의 기
초를 비유적으로 이르는 말.

☑ 간단 확인

미래를 이끌어 나갈 인재를 양
성하는 것은 국가 경쟁력의
(   )이 된다.

[어휘의 사전적 의미]

6 ㉠~㉤의 사전적 의미로 적절하지 <u>않은</u> 것은?

① ㉠: 소나무와 대나무를 아울러 이르는 말.
② ㉡: 소나뭇과의 모든 식물을 통틀어 이르는 말.
③ ㉢: 가장 높은 하늘.
④ ㉣: 세상에 있는 모든 것.
⑤ ㉤: 밝고 환함. 또는 밝은 미래나 희망을 상징하는 밝고 환한 빛.

II

문학 필수 어휘
– 소설

❶ 공교롭다 / 생각하지 않았거나 뜻하지 않았던 사실이나 사건과 우연히 마주치게 된 것이 기이하다고 할 만하다. / 사사롭다

❷ 구색 / 핑계를 삼을 만한 재료. / 구실 口實

❸ 남루하다 / 옷 등이 낡아 해지고 차림새가 너저분하다. / 고루하다

❹ 낯익다 / 익숙하지 않아 어색하다. / 생경하다

❺ 닦달하다 / 이리저리 바쁘고 수선스럽다. / 분주하다

❻ 동하다 動 / 어떤 일을 마치거나 그만두다. / 파하다 罷

❼ 매사 / 보통 있는 일. / 예사

8 미간   무릎의 구부러지는 오목한 안쪽 부분.   오금

9 어그러지다   ① 잘 맞물려 있는 물체가 틀어져서 맞지 않다.
② 말이나 행동이 일정한 기준이나 사실에서 벗어나다.   누그러지다

10 어리다   눈에 눈물이 조금 괴다.   아리다

11 열화   몹시 귀찮게 구는 일.   성화

12 허물   잘못 저지른 실수.   허울

13 자백   자기가 저지른 죄나 자기의 허물을
남들 앞에서 스스로 고백함. 또는 그 고백.   결백

14 하릴없이   달리 어떻게 할 도리가 없이.   부질없이

2단계
꼼꼼히 확인하기

1단계 퀴즈의 정답은 아래에서 **초록색으로 표시**했습니다.
오답의 어휘와 뜻풀이까지 꼼꼼하게 확인해 보세요.

현대 소설(1)

1 ㄱ ㄱ 롭다   장인 공 工, 교묘할 교 巧

생각하지 않았거나 뜻하지 않았던 사실이나 사건과 우연히
마주치게 된 것이 기이하다고 할 만하다.

사사롭다   사사로울 사 私, 사사로울 사 私

공적(公的)이 아닌 개인적인 범위나 관계의 성질이 있다.

2 **구색**   갖출 구 具, 빛 색 色

여러 가지 물건을 고루 갖춤. 또는 그런 모양새.

關 **구색(을) 맞추다**: 여러 가지가 고루 갖추어지게 하다.

ㄱ ㅅ   입 구 口, 열매 실 實

핑계를 삼을 만한 재료.

☺ '구실(口實)'의 동음이의어로 '자기가 마땅히 해야 할 맡은 바 책임.'을 뜻하는
'구실'도 있어.

3 ㄴ ㄹ 하다   헌 누더기 남 襤, 헌 누더기 루 褸

옷 등이 낡아 해지고 차림새가 너저분하다.

고루하다   굳을 고 固, 좁을 루 陋

낡은 관념이나 습관에 젖어 고집이 세고 새로운 것을 잘 받아
들이지 않다.

有 **완고(頑固)하다**: 융통성이 없이 올곧고 고집이 세다.

4 **낯익다**

여러 번 보아서 눈에 익거나 친숙하다.

反 **낯설다**: ① 전에 본 기억이 없어 익숙하지 않다. ② 사물이 눈에 익지 않다.

ㅅ ㄱ 하다   날 생 生, 굳을 경 硬

익숙하지 않아 어색하다.

5 ㄷ ㄷ 하다

남을 단단히 윽박질러서 혼을 내다.

분주하다   달릴 분 奔, 달릴 주 走

이리저리 바쁘고 수선스럽다.

反 **한가(閑暇)하다**: 겨를이 생겨 여유가 있다.

6 **동하다**   움직일 동 動

어떤 욕구나 감정 또는 기운이 일어나다.

ㅍ 하다   마칠 파 罷

어떤 일을 마치거나 그만두다.

7 **매사**   늘 매 每, 일 사 事

하나하나의 모든 일. 또는 하나하나의 일마다.

ㅇ ㅅ   법식 예 例, 일 사 事

보통 있는 일.

8 **ㅁ ㄱ** 눈썹 미 眉, 사이 간 間

두 눈썹의 사이.

오금

무릎의 구부러지는 오목한 안쪽 부분.

📖 오금이 저리다: 저지른 잘못이 들통이 나거나 그 때문에 나쁜 결과가 있지 않을까 마음을 졸이다.

9 **ㅇ ㄱ러지다**

① 잘 맞물려 있는 물체가 틀어져서 맞지 않다.
② 말이나 행동이 일정한 기준이나 사실에서 벗어나다.

😊 '어그러지다'는 '지내는 사이가 나쁘게 되다.' 또는 '계획이나 예상 등이 빗나가거나 달라져 이루어지지 않다.'라는 의미로도 쓰여.

누그러지다

① 딱딱한 성질이 부드러워지거나 약하여지다.
② 추위, 질병, 물가 등의 정도가 내려 덜하여지다.

10 **어리다**

눈에 눈물이 조금 괴다.

😊 동음이의어로 '나이가 적다.'라는 뜻을 가진 '어리다'도 있어.

ㅇ ㄹ ㄷ

혀끝을 찌를 듯이 알알한 느낌이 있다.

11 **열화** 더울 열 熱, 불 화 火

뜨거운 불길이라는 뜻으로, 매우 격렬한 열정을 비유적으로 이르는 말.

😊 '열화'는 '열화와 같은 성원'처럼 주로 '같다'와 함께 쓰여.

ㅅ ㅎ 이룰 성 成, 불 화 火

몹시 귀찮게 구는 일.

12 **허물**

잘못 저지른 실수.

😊 '허물'은 '살갗에서 저절로 일어나는 꺼풀.'이나 '파충류, 곤충류 등이 자라면서 벗는 껍질.'을 의미하는 동음이의어도 있어.

ㅎ ㅇ

실속이 없는 겉모양.

13 **ㅈ ㅂ** 스스로 자 自, 흰 백 白

자기가 저지른 죄나 자기의 허물을 남들 앞에서 스스로 고백함. 또는 그 고백.

결백 깨끗할 결 潔, 흰 백 白

행동이나 마음씨가 깨끗하고 조촐하여 아무런 허물이 없음.

14 **ㅎ ㄹ없이**

달리 어떻게 할 도리가 없이.

부질없이

대수롭지 않거나 쓸모가 없이.

빈칸 답 ❶공교 ❷구실 ❸남루 ❹생경 ❺닦달 ❻파 ❼예사 ❽미간 ❾어그 ❿아리다 ⓫성화 ⓬허울 ⓭자백 ⓮하릴

3단계 문맥으로 소화하기

아래에서 빈칸에 알맞은 어휘를 <보기>에서 찾아 문맥에 맞게 쓰세요.

현대 소설(1)

보기

구실	매사	미간	성화	오금	자백	허물
허울	낯익다	동하다	아리다	어리다	파하다	고루하다
공교롭다	남루하다	분주하다	사사롭다	하릴없이	누그러지다	어그러지다

01 나는 학교가 [   ] 후에 친구와 운동장에서 놀았다.

어떤 일을 마치거나 그만두다.

▶ 이튿날 유치원을 ○하고 집으로 오게 된 때
― 주요섭, 〈사랑손님과 어머니〉

02 그는 요즘 결혼 준비를 하느라 매우 [   ].

① 이리저리 바쁘고 수선스럽다. ② 몹시 바쁘게 뛰어다니다.

▶ "아니, 아니, 안 돼. 난 지금 ○○해서." 하면서 나를 잡아 끌었습니다.
― 주요섭, 〈사랑손님과 어머니〉

03 선생님은 아이들의 [   ]을/를 나무라는 대신 너그럽게 용서해 주셨다.

① 잘못 저지른 실수. ② 남에게 비웃음을 살 만한 거리.

▶ 문기는 두 번 다시 그런 ○○을 범하지 않겠다고 백번 다지며 집을 향해 돌아간다.
― 현덕, 〈하늘은 맑건만〉

04 이사할 때 옷장의 문짝이 [   ] 바람에 옷장을 못 쓰게 되었다.

① 잘 맞물려 있는 물체가 틀어져서 맞지 않다. ② 지내는 사이가 나쁘게 되다.
③ 계획이나 예상 등이 빗나가거나 달라져 이루어지지 않다. ④ 말이나 행동이 일정한 기준이나 사실에서 벗어나다.

▶ 그 삼촌의 기대에 ○○○○지 않는 인물이 되어 보이겠다고 엊그제도 주먹을 쥐고 결심하던 문기가 아니냐.
― 현덕, 〈하늘은 맑건만〉

05 [   ] 옷차림을 한 사람이 식당에서 돈을 내지 못하고 쩔쩔매고 있었다.

옷 등이 낡아 해지고 차림새가 너저분하다.

▶ 아버지란 사람은 일상 천냥만냥 하고 허한 소리만 하면서 ○○한 주제에 거처가 없이 시골, 서울로 돌아다니는 사람이고,
― 현덕, 〈하늘은 맑건만〉

06 동생이 자전거를 사 달라고 하루 종일 [   ]을/를 부렸다.

① 일 등이 뜻대로 되지 않아 답답하고 애가 탐. 또는 그런 증세. ② 몹시 귀찮게 구는 일.

▶ 쌍안경이 든 불룩한 주머니가 또 ○○다.
― 현덕, 〈하늘은 맑건만〉

07 범인은 자신이 돈을 훔쳤다고 [   ]을/를 했다.

자기가 저지른 죄나 자기의 허물을 남들 앞에서 스스로 고백함. 또는 그 고백.

▶ 문기는 선생님 앞에 엎드려 모든 것을 ○○할 결심이었다.
― 현덕, 〈하늘은 맑건만〉

08 그는 [   ]에 적극적이어서 하는 일마다 좋은 평가를 받는다.

하나하나의 모든 일. 또는 하나하나의 일마다.

09 어제 길에서 [　　　　] 사람을 봤는데 기억을 더듬어 보니 초등학교 동창이었다.

① 여러 번 보아서 눈에 익거나 친숙하다.
② 사물이 눈에 익다.

10 판사는 [　　　　] 감정에 휘말리지 말고 공정하게 사건을 판결해야 한다.

공적(公的)이 아닌 개인적인 범위나 관계의 성질이 있다.

11 아침부터 시작된 복통은 좀처럼 [　　　　] 않았다.

① 딱딱한 성질이 부드러워지거나 약하여지다.
② 추위, 질병, 물가 등의 정도가 내려 덜하여지다.

12 그는 보호라는 [　　　　] 아래 우리를 자기 마음대로 하려고 하였다.

핑계를 삼을 만한 재료.

13 친구가 장난기 [　　　　] 목소리로 내게 농담을 한다.

① 눈에 눈물이 조금 괴다. ② 어떤 현상, 기운, 추억 등이 배어 있거나 은근히 드러나다.
③ 빛이나 그림자, 모습 등이 희미하게 비치다. ④ 연기, 안개, 구름 등이 한곳에 모여 나타나다.

14 태풍 때문에 우리는 [　　　　] 여행을 가지 못했다.

① 달리 어떻게 할 도리가 없이. ② 조금도 틀림이 없이.

15 그 음식은 혀가 [　　　　] 정도로 맵다.

① 혀끝을 찌를 듯이 알알한 느낌이 있다.
② 상처나 살갗 등이 찌르는 듯이 아프다.
③ 마음이 몹시 고통스럽다.

16 옷이 예쁘긴 하지만 가격이 너무 비싸서 마음이 선뜻 [　　　　] 않았다.

① 어떤 욕구나 감정 또는 기운이 일어나다.
② 나아지거나 나았던 병이 도로 심해지다.
③ 마음이나 사물이 움직이다.

17 나는 햇빛에 눈이 부셔서 [　　　　]을/를 찌푸렸다.

두 눈썹의 사이.

▶ 그야 자기는 수만이가 시켜서 한 일이
니까 잘못이 없다는 것이지만 당초에
그것은 제 허물을 남에게 밀려는 얄미
운 ○○이 아니고 뭐냐.
– 현덕, 〈하늘은 맑건만〉

▶ 눈에 독을 올리고 한참 나를 요렇게
쏘아보더니 나중에는 눈물까지 ○○
는 것이 아니냐.
– 김유정, 〈동백꽃〉

▶ 나는 ○○○○ 닭을 반듯이 눕히고
그 입에도 궐련 물부리를 물리었다.
– 김유정, 〈동백꽃〉

▶ 소년다운 호기심이 ○하지 않는 것도
아니었지만 …… 수남이는 결코 그런
데 한눈을 파는 법이 없다.
– 박완서, 〈자전거 도둑〉

• 맞힌 개수 (　　) / 17문항

12개 이상	다음 회차로 넘어가도 되겠어요!
8개 ~11개	[문맥으로 소화하기] 한 번만 더 읽고 갈까요?
7개 이하	전체를 복습하고 넘어가야겠어요.

① 긴하다   꼭 필요하다.   긴밀하다

② 만회하다   붙들고 못 하게 말리다.   만류하다

③ 변두리   어떤 지역의 가장자리가 되는 곳.   도회지

④ 부득불   하지 않을 수 없어. 또는 마음이 내키지 않으나 마지못하여.   부지기수

⑤ 부산스럽다   보기에 날씨나 분위기 등이 몹시 스산하고 쓸쓸한 데가 있다.   을씨년스럽다

⑥ 생색   다른 사람 앞에 당당히 나설 수 있거나 자랑할 수 있는 체면.   명색

⑦ 서슬   ① 쇠붙이로 만든 연장이나 유리 조각 등의 날카로운 부분. ② 강하고 날카로운 기세.   사슬

⑧ 소작인 　　　　 지주를 대리하여 소작권을 관리하는 사람. 　　　　 마름

⑨ 으레 　　　　 두 대상이나 물체의 사이가 썩 가깝게. 　　　　 바투

⑩ 판국 　　　　 일이 벌어진 사태의 형편이나 국면. 　　　　 파국

⑪ 푸념 　　　　 마음속에 품은 불평을 늘어놓음. 또는 그런 말. 　　　　 상념

⑫ 홀연히 　　　　 아무 까닭이나 실속이 없게. 　　　　 공연히

⑬ 실마리 　　　　 일이나 사건을 풀어 나갈 수 있는 첫머리. 　　　　 동기

⑭ 서정적 　　　　 고향이나 시골의 정취가 담긴. 또는 그런 것. 　　　　 향토적

2단계

꼼꼼히 확인하기

1단계 퀴즈의 정답은 아래에서 **초록색으로 표시**했습니다.
오답의 어휘와 뜻풀이까지 꼼꼼하게 확인해 보세요.

현대 소설(2)

1 **긴하다**　긴할 긴 緊

꼭 필요하다.

유 긴요(緊要)하다: 꼭 필요하고 중요하다. 늑요긴하다.

ㄱ ㅁ 하다　긴할 긴 緊, 빽빽할 밀 密

서로의 관계가 매우 가까워 빈틈이 없다.

2 **만회하다**　당길 만 挽, 돌아올 회 回

바로잡아 회복하다.

ㅁ ㄹ 하다　당길 만 挽, 머무를 류 留

붙들고 못 하게 말리다.

3 **변두리**　가장자리 변 邊

어떤 지역의 가장자리가 되는 곳.

ㄷ ㅎ ㅈ　도읍 도 都, 모일 회 會, 땅 지 地

사람이 많이 살고 상공업이 발달한 번잡한 지역.

4 **ㅂ ㄷ ㅂ**　아닐 부 不, 얻을 득 得, 아닐 불 不

하지 않을 수 없어. 또는 마음이 내키지 않으나 마지못하여.

부지기수　아닐 부 不, 알 지 知, 그 기 其, 셈 수 數

헤아릴 수가 없을 만큼 많음. 또는 그렇게 많은 수효.

5 **ㅂ ㅅ 스럽다**

보기에 급하게 서두르거나 시끄럽게 떠들어 어수선한 데가 있다.

을씨년스럽다

보기에 날씨나 분위기 등이 몹시 스산하고 쓸쓸한 데가 있다.

6 **생색**　날 생 生, 빛 색 色

다른 사람 앞에 당당히 나설 수 있거나 자랑할 수 있는 체면.

😊 '생색내다'는 '다른 사람 앞에 당당히 나서거나 지나치게 자랑하다.'라는 뜻이야.

ㅁ ㅅ　이름 명 名, 빛 색 色

① 어떤 부류에 붙여져 불리는 이름.
② 실속 없이 그럴듯하게 불리는 허울만 좋은 이름.

7 **ㅅ ㅅ**

① 쇠붙이로 만든 연장이나 유리 조각 등의 날카로운 부분.
② 강하고 날카로운 기세.

관 서슬이 푸르다[(시)퍼렇다]: 권세나 기세 등이 아주 대단하다.

사슬

① 쇠로 만든 고리를 여러 개 죽 이어서 만든 줄.
② 억압이나 압박을 비유적으로 이르는 말.

8 **소작인** 작을 소 小, 지을 작 作, 사람 인 人

다른 사람의 농지를 빌려 농사를 짓고 그 대가로 사용료를 지급하는 사람.

ㅁ ㄹ

지주를 대리하여 소작권을 관리하는 사람.

😊 옛날에 토지의 소유자인 '지주(地主)'가 소작인에게 토지를 빌려주어 경작하게 할 때, 지주가 농지와 소작인을 직접 관리하지 않고 중간 관리인인 '마름'을 두기도 했어.

9 **으레**

① 두말할 것 없이 당연히. ② 틀림없이 언제나.

ㅂ ㅌ

두 대상이나 물체의 사이가 썩 가깝게.

10 **ㅍ ㄱ** 판 국 局

일이 벌어진 사태의 형편이나 국면.

유 형국(形局): 어떤 일이 벌어진 형편이나 국면.

파국 깨뜨릴 파 破, 판 국 局

일이나 사태가 잘못되어 결딴이 남. 또는 그 판국.

😊 '결딴'이란 '어떤 일이나 물건 등이 아주 망가져서 도무지 손을 쓸 수 없게 된 상태.'를 뜻해.

11 **푸념**

마음속에 품은 불평을 늘어놓음. 또는 그런 말.

유 넋두리: 불만을 길게 늘어놓으며 하소연하는 말.

ㅅ ㄴ 생각 상 想, 생각 념 念

마음속에 품고 있는 여러 가지 생각.

12 **홀연히** 갑자기 홀 忽, 그럴 연 然

뜻하지 않게 갑자기.

ㄱ ㅇ ㅎ 빌 공 空, 그럴 연 然

아무 까닭이나 실속이 없게. ≒괜히.

13 **ㅅ ㅁ ㄹ**

일이나 사건을 풀어 나갈 수 있는 첫머리.

유 단서(端緒): 어떤 문제를 해결하는 방향으로 이끌어 가는 일의 첫 부분.

동기 움직일 동 動, 틀 기 機

어떤 일이나 행동을 일으키게 하는 계기.

14 **서정적** 펼 서 抒, 뜻 정 情, 어조사 적 的

정서를 듬뿍 담고 있는. 또는 그런 것.

ㅎ ㅌ ㅈ 시골 향 鄉, 흙 토 土, 어조사 적 的

고향이나 시골의 정취가 담긴. 또는 그런 것.

빈칸 답 ❶긴밀 ❷만류 ❸도회지 ❹부득불 ❺부산 ❻명색 ❼서슬 ❽마름 ❾바투 ❿판국 ⓫상념 ⓬공연히 ⓭실마리 ⓮향토적

보기

마름	명색	바투	서슬	으레	파국	판국
푸념	공연히	긴하다	변두리	부득불	실마리	향토적
홀연히	긴밀하다	만류하다	만회하다	부지기수	부산스럽다	을씨년스럽다

01 조용하고 [   ] 거리에 앙상한 가지만 남은 나무들이 줄지어 서 있다.

① 보기에 날씨나 분위기 등이 몹시 스산하고 쓸쓸한 데가 있다.
② 보기에 살림이 매우 가난한 데가 있다.

▶ 바람 부는 서울의 뒷골목은 흉흉하고 ○○○○○웠다.
   – 박완서, 〈자전거 도둑〉

02 술에 취한 그는 불만이 가득 찬 [   ]을/를 늘어놓았다.

마음속에 품은 불평을 늘어놓음. 또는 그런 말.

▶ 들볶는 ○○ 속에서 …… 그래도 행여나 하는 기대가 곁들어 있는 것을 수남이는 느낄 수 있었다.
   – 박완서, 〈자전거 도둑〉

03 나와 친구들은 주말이면 [   ] 학교 운동장에서 축구를 하곤 했다.

① 두말할 것 없이 당연히. ② 틀림없이 언제나.

▶ 영감님이 기분이 좋을 때면 수남이에 대한 애정의 표시로 ○○ 그렇게 했었고, 수남이도 그걸 좋아했었다.
   – 박완서, 〈자전거 도둑〉

04 형은 아무런 잘못도 없는 내게 [   ] 화를 냈다.

아무 까닭이나 실속이 없게.

▶ 수남이는 주머니에 든 만 원을 생각하면 얼굴이 화끈대고 ○○○ 무섭기까지 하다.
   – 박완서, 〈자전거 도둑〉

05 그는 어린 시절 서울 [   ]의 판잣집에서 살았다.

① 어떤 지역의 가장자리가 되는 곳. ② 어떤 물건의 가장자리.

06 관련 자료를 면밀히 살핀 결과 문제 해결의 [   ]을/를 찾을 수 있었다.

① 감겨 있거나 헝클어진 실의 첫머리.
② 일이나 사건을 풀어 나갈 수 있는 첫머리.

07 그 상품은 [   ]이/가 선물용인데 포장이 너무 허술했다.

① 어떤 부류에 붙여져 불리는 이름.
② 실속 없이 그럴듯하게 불리는 허울만 좋은 이름.
③ 겉으로 내세우는 구실.

08 시험 문제가 너무 쉬워서 백 점을 맞은 학생이 [   ]이다.

헤아릴 수가 없을 만큼 많음. 또는 그렇게 많은 수효.

09 그 소설가는 농촌을 배경으로 한 〔   〕인 작품들을 주로 썼다.
　　　　　　　고향이나 시골의 정취가 담긴. 또는 그런 것.

10 그들은 친형제처럼 매우 〔   〕관계이다.
　　　　　　서로의 관계가 매우 가까워 빈틈이 없다.

11 그는 집세를 내지 못해 사는 곳에서 쫓겨날 〔   〕이었다.
　　　　　　　　일이 벌어진 사태의 형편이나 국면.

▶ "손님이 오셨으면 계시는 동안 불편하지 않도록 잘 모실 생각만 해도 모자랄 ○○에 뭐?"
– 공선옥, 〈일가〉

12 어제 내가 열이 나는데도 학교에 가려고 하자 엄마께서는 극구 〔   〕.
　　　　　　　　　　　붙들고 못 하게 말리다.

▶ "과일은 무슨, 일없습네다." 하면서 극구 ○○하는 통에 엄마 또한 주저앉을 수밖에 없곤 하였다.
– 공선옥, 〈일가〉

13 언니는 꽃다발에 얼굴을 〔   〕갖다 대고 향기를 맡았다.
　　　① 두 대상이나 물체의 사이가 썩 가깝게. ② 시간이나 길이가 아주 짧게.

▶ 소년이 고삐를 ○○ 잡아 쥐고 등을 긁어 주는 척 훌쩍 올라탔다.
– 황순원, 〈소나기〉

14 사장에게 항의하러 간 노동자들은 사장의 위협적인 〔   〕에 기가 죽어 아무 말도 하지 못했다.
　　　　① 쇠붙이로 만든 연장이나 유리 조각 등의 날카로운 부분. ② 강하고 날카로운 기세.

▶ 큰 닭이 한 번 쪼인 앙갚음으로 호들갑스레 연거푸 쪼는 ○○에 우리 수탉은 찔끔 못 하고 막 굵는다.
– 김유정, 〈동백꽃〉

15 소작료를 받으러 다니는 〔   〕이/가 때로는 지주보다 더 위세를 부렸다.
　　　　　지주를 대리하여 소작권을 관리하는 사람.

▶ 그렇잖아도 즈이는 ○○이고 우리는 그 손에서 배재를 얻어 땅을 부치므로 일상 굽실거린다.
– 김유정, 〈동백꽃〉

16 그는 당일 중으로 마쳐야 할 〔   〕일이 있다고 하면서 자리에서 일어났다.
　　　　　① 꼭 필요하다. ② 매우 간절하다.

▶ "얘! 너 혼자만 일하니?" 하고 ○치 않은 수작을 하는 것이다.
– 김유정, 〈동백꽃〉

· 맞힌 개수 (   ) / 16문항

12개 이상	다음 회차로 넘어가도 되겠어요!
8개 ~11개	[문맥으로 소화하기] 한 번만 더 읽고 갈까요?
7개 이하	전체를 복습하고 넘어가야겠어요.

교재 40~51쪽에서 공부한 어휘를 문제로 확인해 보세요.

[01~03] 다음 문장의 괄호 안에 들어갈 알맞은 단어를 고르시오.

01 사람들이 모두 떠난 거리는 조용하고 (부산스러웠다 / 을씨년스러웠다).

02 중간고사 때 떨어진 성적을 (만류하기 / 만회하기) 위해 기말고사는 열심히 준비했다.

03 영수를 보고 싶다는 생각을 하고 있었는데, 마침 그가 왔으니 참으로 (공교로운 / 사사로운) 일이다.

[04~06] 다음 문장의 괄호 안에 들어갈 알맞은 단어와 그 단어의 뜻을 〈보기 1〉과 〈보기 2〉에서 찾아 그 기호를 쓰시오.

보기 1

㉠ 예사　　㉡ 오금　　㉢ 판국　　㉣ 허울

보기 2

ⓐ 보통 있는 일.
ⓑ 실속이 없는 겉모양.
ⓒ 일이 벌어진 사태의 형편이나 국면.
ⓓ 무릎의 구부러지는 오목한 안쪽 부분.

04 그는 몸이 약해 환절기마다 감기로 고생하는 것은 (　　　)이다.　➡ (　　　)

05 구석에 앉은 소년은 (　　　)이/가 저린지 자꾸 자세를 바꾸었다.　➡ (　　　)

06 모두가 힘을 합쳐도 모자랄 (　　　)에 사람들은 편을 나누어 싸우기만 했다.　➡ (　　　)

[07~11] 다음 문장의 괄호 안에 들어갈 알맞은 단어를 말 상자에서 찾아 쓰시오.

미	상	하	다	용	부
간	념	푸	도	회	지
허	물	바	투	유	기
울	사	슬	해	실	수
향	토	적	난	마	일
대	열	화	두	리	저

07 집회에 모인 사람이 (　　　　　)(으)로 많다.

08 경찰은 사건 현장에서 발견된 증거품을 수사의 (　　　　　)(으)로 삼았다.

09 그는 (　　　　　)에 잠긴 채 이런저런 생각을 하다가 버스를 놓치고 말았다.

10 사람이 많고 번잡한 (　　　　　)에서 오래 살다 보니 한적했던 고향이 그립다.

11 그 가수는 관객들의 (　　　　　)와/과 같은 호응에 보답하고자 한 곡 더 불렀다.

[12~14] 다음 문장의 괄호 안에 들어갈 알맞은 단어를 고르시오.

12 그는 다른 사람의 물건에는 손대지 않았다고 (　　　　)을/를 주장했다.

　① 결백　　　　② 동기　　　　③ 자백　　　　④ 파국　　　　⑤ 푸념

13 나는 심한 감기에 걸렸다는 (　　　　)(으)로 며칠 동안 학원에 가지 않았다.

　① 구색　　　　② 구실　　　　③ 미간　　　　④ 서슬　　　　⑤ 허물

14 그 사투리를 처음 들었을 때는 너무 (　　　　) 나머지 마치 외국어를 듣는 것 같은 기분이었다.

　① 긴한　　　　② 고루한　　　　③ 긴밀한　　　　④ 남루한　　　　⑤ 생경한

15 괄호 안에 공통으로 들어갈 단어로 알맞은 것은?

> • 나와 그 친구의 사이가 (　　　　) 것은 상상할 수도 없는 일이다.
> • 부모님의 기대에 (　　　　) 일이 없도록 앞으로 열심히 공부해야겠다.
> • 마지막에 가서 내 예상이 (　　　　) 바람에 모든 것이 물거품이 되고 말았다.

　① 동하는　　　　② 파하는　　　　③ 닦달하는　　　　④ 누그러지는　　　　⑤ 어그러지는

[16~19] 제시된 뜻풀이를 참고하여 다음 십자말풀이를 완성하시오.

16 **가로:** 대수롭지 않거나 쓸모가 없이.

　예 그는 말도 없이 떠나 버린 사람을 (　　　　) 기다리기만 했다.

17 **세로:** 하지 않을 수 없어. 또는 마음이 내키지 않으나 마지못하여.

　예 나는 친구들과 더 놀고 싶었지만 엄마에게서 전화가 와서 (　　　　) 집에 돌아갈 수밖에 없었다.

18 **가로:** 뜻하지 않게 갑자기.

　예 그는 인사도 없이 (　　　　) 떠났다.

19 **세로:** 아무 까닭이나 실속이 없게.

　예 책상 서랍을 (　　　　) 뒤적뒤적 뒤지다가 몇 장의 편지를 발견했다.

① **겸연쩍다**   쑥스럽거나 미안하여 어색하다.   **미심쩍다**

② **기껍다**   섭섭하고 야속하여 마음이 언짢다.   **고깝다**

③ **내외하다**   남의 남녀 사이에 서로 얼굴을 마주 대하지 않고 피하다.   **적대하다**

④ **노골적**   교양이 없거나 식견이 좁고 세속적인 일에만 신경을 쓰는. 또는 그런 것.   **속물적**

⑤ **동경하다**   남의 어려운 처지를 자기 일처럼 딱하고 가엾게 여기다.   **동정하다**

⑥ **무안하다**   흥미 있는 일이 없어 심심하고 지루하다.   **무료하다**

⑦ **무색하다**   매우 반가워하다.   **반색하다**

너무 깊이 생각하지 말고,
빠르게 풀어 보자.

⑧ 쌩이질   한창 바쁠 때에 쓸데없는 일로 남을 귀찮게 구는 짓.   대거리

⑨ 암팡스럽다   못마땅하거나 시답지 않아 불쑥 하는
말이나 태도에 무뚝뚝한 기색이 있다.   퉁명스럽다

⑩ 옹졸하다   성품이 너그럽지 못하고 생각이 좁다.   관대하다

⑪ 빈정대다   남을 은근히 비웃는 태도로 자꾸 놀리다.   우쭐대다

⑫ 유난   트집을 잡아 거북할 만큼 따지고 듦.   힐난

⑬ 잔망스럽다   시치미를 뚝 떼어 겉으로는
아무렇지 않은 체하는 태도가 있다.   천연덕스럽다

⑭ 조바심   조마조마하여 마음을 졸임.
또는 그렇게 졸이는 마음.   뱃심

2단계

꼼꼼히 확인하기

1단계 퀴즈의 정답은 아래에서 **초록색으로 표시**했습니다.
오답의 어휘와 뜻풀이까지 꼼꼼하게 확인해 보세요.

현대 소설(3)

1 ㄱㅇ쩍다 　언짢을 겸 慊, 그럴 연 然

쑥스럽거나 미안하여 어색하다.

미심쩍다 　아닐 미 未, 살필 심 審

분명하지 못하여 마음이 놓이지 않는 데가 있다.

😊 '-쩍다'는 '그런 것을 느끼게 하는 데가 있음'의 뜻을 더하는 접미사야. 이밖에 '의심쩍다'는 '확실히 알 수 없어서 믿지 못할 만한 데가 있다.', '수상쩍다'는 '수상한 데가 있다.'라는 뜻이야.

2 ㄱㄲㄷ

마음속으로 은근히 기쁘다.

고깝다

섭섭하고 야속하여 마음이 언짢다.

3 **내외하다** 　안 내 內, 바깥 외 外

남의 남녀 사이에 서로 얼굴을 마주 대하지 않고 피하다.

ㅈㄷ하다 　원수 적 敵, 대할 대 對

적으로 대하다. 또는 적과 같이 대하다.

🌐 적대시(敵對視)하다: 적으로 여겨 보다.

4 ㄴㄱㅈ 　드러낼 노 露, 뼈 골 骨, 어조사 적 的

숨김없이 모두를 있는 그대로 드러내는. 또는 그런 것.

속물적 　속될 속 俗, 물건 물 物, 어조사 적 的

교양이 없거나 식견이 좁고 세속적인 일에만 신경을 쓰는. 또는 그런 것.

5 ㄷㄱ하다 　그리워할 동 憧, 그리워할 경 憬

어떤 것을 간절히 그리워하여 그것만을 생각하다.

동정하다 　같을 동 同, 뜻 정 情

남의 어려운 처지를 자기 일처럼 딱하고 가엾게 여기다.

6 **무안하다** 　없을 무 無, 낯 안 顔

수줍거나 창피하여 볼 낯이 없다.

ㅁㄹ하다 　없을 무 無, 즐길 료 聊

흥미 있는 일이 없어 심심하고 지루하다.

7 **무색하다** 　없을 무 無, 빛 색 色

① 겸연쩍고 부끄럽다.
② 본래의 특색을 드러내지 못하고 보잘것없다.

ㅂㅅ하다

매우 반가워하다.

8 ㅆ ㅇ ㅈ

한창 바쁠 때에 쓸데없는 일로 남을 귀찮게 구는 짓.

대거리 대할 대 對

상대편에게 맞서서 대듦. 또는 그런 말이나 행동.

9 ㅇ ㅍ 스럽다

몸은 작아도 야무지고 다부진 면이 있다.

퉁명스럽다

못마땅하거나 시답지 않아 불쑥 하는 말이나 태도에 무뚝뚝한 기색이 있다.

10 **옹졸하다** 막을 옹 壅, 졸할 졸 拙

성품이 너그럽지 못하고 생각이 좁다.

ㄱ ㄷ 하다 너그러울 관 寬, 큰 대 大

마음이 너그럽고 크다.

유 너그럽다: 마음이 넓고 아량이 있다.

11 ㅂ ㅈ 대다

남을 은근히 비웃는 태도로 자꾸 놀리다. =빈정거리다.

우쭐대다

의기양양하여 자꾸 뽐내다. =우쭐거리다.

😊 '−대다'와 '−거리다'는 '그런 상태가 잇따라 계속됨'의 뜻을 더하는 접미사야.

12 ㅇ ㄴ

언행이나 상태가 보통과 아주 다름. 또는 언행이 두드러지게 남과 달라 예측할 수 없는 데가 있음.

힐난 꾸짖을 힐 詰, 나무랄 난 難

트집을 잡아 거북할 만큼 따지고 듦.

13 ㅈ ㅁ 스럽다 나약할 잔 孱, 망령될 망 妄

얄밉도록 맹랑한 데가 있다.

천연덕스럽다 하늘 천 天, 그럴 연 然

시치미를 뚝 떼어 겉으로는 아무렇지 않은 체하는 태도가 있다.

관 시치미(를) 떼다: 자기가 하고도 하지 않은 체하거나 알고 있으면서도 모르는 체하다.

14 ㅈ ㅂ ㅅ

조마조마하여 마음을 졸임. 또는 그렇게 졸이는 마음.

뱃심

염치나 두려움이 없이 제 고집대로 버티는 힘.

빈칸 답 ❶겸연 ❷기껍다 ❸적대 ❹노골적 ❺동경 ❻무료 ❼반색 ❽쌩이질 ❾암팡 ❿관대 ⓫빈정 ⓬유난 ⓭잔망 ⓮조바심

보기

뱃심	유난	고깝다	기껍다	노골적	속물적	쌩이질
조바심	겸연쩍다	관대하다	내외하다	동경하다	동정하다	무색하다
무안하다	미심쩍다	빈정대다	옹졸하다	적대하다	퉁명스럽다	천연덕스럽다

01 그들은 서로 부끄러워하며 [   ] 것 같다.

남의 남녀 사이에 서로 얼굴을 마주 대하지 않고 피하다.

▶ "요새 세상에 ○○합니까!"
― 주요섭, 〈사랑손님과 어머니〉

02 그는 자신의 거짓말이 들통나자 [   ] 표정으로 변명을 하려고 했다.

쑥스럽거나 미안하여 어색하다.

▶ 그런 뒤 나는 ○○○은 듯 말을 보탰다.
― 김애란, 〈두근두근 내 인생〉

03 그 직원은 귀찮다는 듯이 [   ] 대꾸했다.

못마땅하거나 시답지 않아 불쑥 하는 말이나 태도에 무뚝뚝한 기색이 있다.

▶ 오늘 장사가 좀 잘 안돼서 그런지 말씨가 ○○스럽긴 했지만,
― 박완서, 〈자전거 도둑〉

04 나를 모르는 체하는 민아에게 [   ] 생각이 들었다.

섭섭하고 야속하여 마음이 언짢다.

▶ 나쁜 말은 아닌데도 수남이는 ○○게 듣는다.
― 박완서, 〈자전거 도둑〉

05 불쌍한 사람을 [   ] 것은 인지상정이다.

① 남의 어려운 처지를 자기 일처럼 딱하고 가엾게 여기다.
② 남의 어려운 사정을 이해하고 정신적으로나 물질적으로 도움을 베풀다.

▶ 사람들은 모두 치료비를 톡톡히 부담해야 할 그 아저씨를 ○○했다.
― 박완서, 〈자전거 도둑〉

06 모두들 맛있게 밥을 먹는데 정훈이만 [   ]을 부리며 맛이 없다고 먹지 않았다.

언행이나 상태가 보통과 아주 다름. 또는 언행이 두드러지게 남과 달라 예측할 수 없는 데가 있음.

07 만족스럽지 못하거나 [   ] 부분은 질문을 통해 확인해야 한다.

분명하지 못하여 마음이 놓이지 않는 데가 있다.

08 그 사람은 [   ] 정도로 나를 빤히 쳐다보았다.

수줍거나 창피하여 볼 낯이 없다.

09 그는 상대방에게 속마음을 ⬚(으)로 드러낸다.

숨김없이 모두를 있는 그대로 드러내는. 또는 그런 것.

10 그는 자신에게는 무척 엄격하면서도 타인에게는 무척 ⬚ 사람이다.

마음이 너그럽고 크다.

11 그 남자는 궁전이 ⬚ 정도의 큰 저택에 살았다.

① 겸연쩍고 부끄럽다.
② 본래의 특색을 드러내지 못하고 보잘것없다.

12 범인은 자신이 물건을 훔치지 않았다며 ⬚ 말했다.

① 생긴 그대로 조금도 거짓이나 꾸밈이 없고 자연스러운 느낌이 있다.
② 시치미를 뚝 떼어 겉으로는 아무렇지 않은 체하는 태도가 있다.

13 그는 오로지 돈에만 관심을 갖는 ⬚인 사람이다.

교양이 없거나 식견이 좁고 세속적인 일에만 신경을 쓰는. 또는 그런 것.

▶ 이런 척도를 ○○○이라고 해도 할 수 없어.
– 성석제, 〈내가 그린 히말라야시다 그림〉

14 동생은 내가 바쁠 때마다 와서는 공연히 ⬚을 하고 사라진다.

한창 바쁠 때에 쓸데없는 일로 남을 귀찮게 구는 짓.

▶ 계집애가 나물을 캐러 가면 갔지 남 울타리 엮는데 ○○○을 하는 것은 다 뭐냐.
– 김유정, 〈동백꽃〉

15 민호는 ⬚ 말투로 친구를 놀리고 있었다.

남을 은근히 비웃는 태도로 자꾸 놀리다.

▶ 수만이는 흥 하고 코웃음을 친다. / "누군 너만 못 약을 줄 아니?" / 그리고 연신 ○○댄다.
– 현덕, 〈하늘은 맑건만〉

16 그는 모두가 반대하는 일을 ⬚(으)로 밀고 나갔다.

① 염치나 두려움이 없이 제 고집대로 버티는 힘.
② 마음속에 다지는 속셈.

▶ 몇 번이고 이 소리를 속으로 되뇌며 문기는 떳떳이 얼굴을 들고 집으로 들어갈 수 있을 만한 ○○을 만들려 한다.
– 현덕, 〈하늘은 맑건만〉

• **맞힌 개수 (　　) / 16문항**

12개 이상	다음 회차로 넘어가도 되겠어요!
8개 ~11개	[문맥으로 소화하기] 한 번만 더 읽고 갈까요?
7개 이하	전체를 복습하고 넘어가야겠어요.

① 관찰사   조선 시대에 둔, 각 도의 으뜸 벼슬.   암행어사

② 대장부   건장하고 씩씩한 사내.   사대부

③ 도리   사물을 너그럽게 용납하여 처리할 수 있는 넓은 마음과 깊은 생각.   도량

④ 모질다   마음이 너그럽고 착하며 슬기롭고 덕이 높다.   어질다

⑤ 모함하다   어떤 일을 이루기 위하여 대책과 방법을 세우다.   도모하다

⑥ 방자하다   어려워하거나 조심스러워하는 태도가 없이 무례하고 건방지다.   맹랑하다

⑦ 범상하다   보통 수준보다 훨씬 뛰어나다.   비범하다

너무 깊이 생각하지 말고,
빠르게 풀어 보자.

⑧ **부귀공명**
富貴功名
　　재산이 많고 지위가 높으며 공을 세워 이름을 떨침.　　**입신양명**
立身揚名

⑨ **부임하다**
　　임명이나 발령을 받아 근무할 곳으로 가다.　　**순시하다**

⑩ **비천하다**
　　지위나 신분이 낮고 천하다.　　**천대하다**

⑪ **서자**
庶子
　　본부인이 아닌 여자에게서 태어난 아들.　　**적자**
嫡子

⑫ **탐내다**
　　일정한 수나 양에서 모자람이 생기게 하다.　　**축내다**

⑬ **하직하다**
　　먼 길을 떠날 때 웃어른께 작별을 고하다.　　**하사하다**

⑭ **환자**
還子
　　조선 시대에, 곡식을 사창(社倉)에 저장하였다가
백성들에게 봄에 꾸어 주고 가을에 이자를 붙여 거두던 일.
또는 그 곡식.　　**환도**

2단계 꼼꼼히 확인하기

1단계 퀴즈의 정답은 아래에서 **초록색으로 표시**했습니다.
오답의 어휘와 뜻풀이까지 꼼꼼하게 확인해 보세요.

고전 소설

❶ 관찰사 볼 관 觀, 살필 찰 察, 부릴 사 使

조선 시대에 둔, 각 도의 으뜸 벼슬. ≒감사.

😊 조선 시대에 행정 구역으로 '도'를 두었는데 각 도에 파견된 지방 행정의 최고 책임자를 '관찰사'라고 불렀어.

ㅇㅎㅇㅅ 어두울 암 暗, 다닐 행 行, 거느릴 어 御, 역사 사 史

조선 시대에, 왕의 명을 받아 몰래 파견되어 지방 관리의 통치와 백성의 생활을 살피던 벼슬. ≒어사.

❷ ㄷㅈㅂ 큰 대 大, 어른 장 丈, 사내 부 夫

건장하고 씩씩한 사내. ≒장부.

사대부 선비 사 士, 큰 대 大, 사내 부 夫

사(士)와 대부(大夫)를 아울러 이르는 말. 문무 양반(文武兩班)을 일반 평민층에 상대하여 이르는 말임.

😊 '양반'은 고려·조선 시대의 지배층을 이루던 신분이야.

❸ ㄷㄹ 길 도 道, 다스릴 리 理

① 사람이 어떤 입장에서 마땅히 행하여야 할 바른길.
② 어떤 일을 해 나갈 방도(方道).

도량 법도 도 度, 헤아릴 량 量

사물을 너그럽게 용납하여 처리할 수 있는 넓은 마음과 깊은 생각.

❹ 모질다

① 마음씨가 몹시 매섭고 독하다.
② 기세가 몹시 매섭고 사납다.

ㅇㅈㄷ

마음이 너그럽고 착하며 슬기롭고 덕이 높다.

❺ ㅁㅎ하다 꾀할 모 謀, 빠질 함 陷

나쁜 꾀로 남을 어려운 처지에 빠지게 하다.

도모하다 그림 도 圖, 꾀할 모 謀

어떤 일을 이루기 위하여 대책과 방법을 세우다.

❻ ㅂㅈ하다 놓을 방 放, 마음대로 자 恣

어려워하거나 조심스러워하는 태도가 없이 무례하고 건방지다.

맹랑하다 맏 맹 孟, 물결 랑 浪

① 생각하던 바와 달리 허망하다.
② 하는 짓이 만만히 볼 수 없을 만큼 똘똘하고 깜찍하다.

😊 '허무맹랑(虛無孟浪)하다'는 터무니없이 거짓되고 실속이 없다는 뜻이야.

❼ ㅂㅅ하다 무릇 범 凡, 항상 상 常

중요하게 여길 만하지 않고 예사롭다.

비범하다 아닐 비 非, 무릇 범 凡

보통 수준보다 훨씬 뛰어나다.

🔄 **평범(平凡)하다**: 뛰어나거나 색다른 점이 없이 보통이다.

⑧ 부귀공명 부유할 부 富, 귀할 귀 貴, 공 공 功, 이름 명 名

재산이 많고 지위가 높으며 공을 세워 이름을 떨침.

○ ㅅ ○ ㅁ 설 입 立, 몸 신 身, 날릴 양 揚, 이름 명 名

출세하여 이름을 세상에 떨침.

---

⑨ ㅂ ○ 하다 나아갈 부 赴, 맡길 임 任

임명이나 발령을 받아 근무할 곳으로 가다.

순시하다 돌 순 巡, 볼 시 視

돌아다니며 사정을 보살피다.

㈜ 순찰(巡察)하다: 여러 곳을 돌아다니며 사정을 살피다.

---

⑩ ㅂ ㅊ 하다 낮을 비 卑, 천할 천 賤

지위나 신분이 낮고 천하다.

㈐ 존귀(尊貴)하다: 지위나 신분이 높고 귀하다.

천대하다 천할 천 賤, 대접할 대 待

업신여기어 천하게 대우하거나 푸대접하다.

㈜ 천시(賤視)하다: 업신여겨 낮게 보거나 천하게 여기다.

---

⑪ ㅅ ㅈ 여러 서 庶, 아들 자 子

본부인이 아닌 여자에게서 태어난 아들.

↔

적자 정실 적 嫡, 아들 자 子

본부인이 낳은 아들.

---

⑫ 탐내다 탐할 탐 貪

가지거나 차지하고 싶어 하다.

ㅊ ㄴ ㄷ 줄일 축 縮

일정한 수나 양에서 모자람이 생기게 하다.

---

⑬ 하직하다 아래 하 下, 곧을 직 直

먼 길을 떠날 때 웃어른께 작별을 고하다.

ㅎ ㅅ 하다 아래 하 下, 줄 사 賜

임금이 신하에게, 또는 윗사람이 아랫사람에게 물건을 주다.

---

⑭ 환자 돌아올 환 還, 아들 자 子

조선 시대에, 곡식을 사창(社倉)에 저장하였다가 백성들에게 봄에 꾸어 주고 가을에 이자를 붙여 거두던 일. 또는 그 곡식. =환곡.

ㅎ ㄷ 돌아올 환 還, 도읍 도 都

전쟁 등의 국난으로 인하여 정부가 한때 수도를 버리고 다른 곳으로 옮겼다가 다시 옛 수도로 돌아옴.

빈칸 답 ❶ 암행어사 ❷ 대장부 ❸ 도리 ❹ 어질다 ❺ 모함 ❻ 방자 ❼ 범상 ❽ 입신양명 ❾ 부임 ❿ 비천 ⓫ 서자 ⓬ 축내다 ⓭ 하사 ⓮ 환도

고전 소설

보기

도량	서자	적자	환도	모질다	사대부	어질다
축내다	탐내다	도모하다	맹랑하다	모함하다	방자하다	부임하다
비범하다	비천하다	순시하다	암행어사	입신양명	천대하다	하직하다

01 남원의 사또 자리에 새로 [   ] 변학도는 자신의 사리사욕을 채우기 위해 백성들을 괴롭혔다.
임명이나 발령을 받아 근무할 곳으로 가다.

▶ 양반은 어질고 책 읽기를 좋아해서 고을에 군수가 새로 ○○할 때마다 반드시 그 집에 찾아가 인사를 차렸다.
– 박지원, 〈양반전〉

02 그는 아들에게 집에서 밥만 [   ] 말고 나가서 돈을 벌어 오라고 말했다.
① 일정한 수나 양에서 모자람이 생기게 하다.
② 몸이나 얼굴 등에서 살이 빠지게 하다.

▶ 관찰사가 각 고을을 순시하다가 환자 장부를 살펴보고 크게 노하여 말했다. "어떤 놈의 양반이 관아 곡식을 이처럼 ○냈단 말이냐!"
– 박지원, 〈양반전〉

03 그는 [   ] 신분이었지만 임금에게 능력을 인정받아 높은 지위에 올랐다.
지위나 신분이 낮고 천하다.

▶ "양반은 가난하다 할지라도 늘 존귀하지만, 나는 부자라도 항상 ○○해서 감히 말도 탈 수 없고, …… 내가 장차 그 양반 신분을 사서 가졌으면 해."
– 박지원, 〈양반전〉

04 그는 [   ] 가문의 자손이다.
① 사(士)와 대부(大夫)를 아울러 이르는 말. 문무 양반(文武兩班)을 일반 평민층에 상대하여 이르는 말임.
② 벼슬이나 문벌이 높은 집안의 사람.

05 백성들의 재물을 [   ] 탐관오리들의 횡포가 날이 갈수록 심해졌다.
가지거나 차지하고 싶어 하다.

06 그 꼬마는 아이답지 않게 아주 [   ].
① 생각하던 바와 달리 허망하다.
② 하는 짓이 만만히 볼 수 없을 만큼 똘똘하고 깜찍하다.
③ 처리하기가 매우 어렵고 묘하다.

07 [   ] 후에 정부는 무너진 건물들을 복원하기 시작했다.
전쟁 등의 국난으로 인하여 정부가 한때 수도를 버리고 다른 곳으로 옮겼다가 다시 옛 수도로 돌아옴.

탐관오리를 혼내 주러 내가 왔다!

08 임금은 민심을 살피기 위해 [   ]을/를 파견했다.
조선 시대에, 왕의 명을 받아 몰래 파견되어 지방 관리의 통치와 백성의 생활을 살피던 벼슬.

09 그는 역경을 [ ] 이겨 냈다.

① 마음씨가 몹시 매섭고 독하다. ② 기세가 몹시 매섭고 사납다.
③ 참고 견디기 힘든 일을 능히 배기어 낼 만큼 억세다.
④ 괴로움이나 아픔 등의 정도가 지나치게 심하다.

▶ 이를 거절한 춘향이는 ○○ 고문을 당하고 옥에 갇힌다.
– 작자 미상, 〈춘향전〉

10 그들의 부모는 자식의 [ ] 을/를 유일한 꿈으로 삼았다.

출세하여 이름을 세상에 떨침.

▶ "사내대장부가 세상에 한번 태어났으면, 모름지기 ○○○○한 후 조상을 섬기고 부모의 은혜를 만분의 일이라도 갚아야 할 것입니다."
– 허균, 〈홍길동전〉

11 그는 그림에 [ ] 재능을 가지고 있어 어렸을 때부터 주목을 받았다.

보통 수준보다 훨씬 뛰어나다.

▶ 홍길동은 자신의 ○○한 능력을 알아보고 스스로 부하가 되고자 하는 도둑들의 청을 받아들여 도둑 무리의 우두머리가 된다.
– 허균, 〈홍길동전〉

12 눈물을 흘리며 부모님께 [ ] 지 어언 삼 년이 지났다.

① 먼 길을 떠날 때 웃어른께 작별을 고하다. ② 서울을 떠나는 벼슬아치가 임금에게 작별을 아뢰다.
③ 무슨 일이 마지막이거나 무슨 일을 그만두다. ④ 어떤 곳에서 떠나다.

▶ "전하를 ○○하고 조선을 떠나가오니, 엎드려 바라건대. 전하는 만수무강하옵소서."
– 허균, 〈홍길동전〉

13 노인은 꼬마에게 어른 앞에서 [ ] 굴지 말라고 호통을 쳤다.

① 어려워하거나 조심스러워하는 태도가 없이 무례하고 건방지다.
② 제멋대로 거리낌 없이 노는 태도가 있다.

▶ 공이 듣고 나자 비록 불쌍하다는 생각은 들었으나, 그 마음을 위로하면 마음이 ○○해질까 염려되어, 크게 꾸짖어 말했다.
– 허균, 〈홍길동전〉

14 그 스님은 학문이 깊고 [ ] 이/가 넓은 분이다.

① 사물을 너그럽게 용납하여 처리할 수 있는 넓은 마음과 깊은 생각.
② 재거나 되거나 하여 사물의 양을 헤아림. ③ 길이를 재는 자와 양을 재는 되. ④ 길이와 부피.

▶ 길동이 본래 재주가 뛰어나고 ○○이 활달한지라, 마음을 가라앉히지 못해 밤이면 잠을 이루지 못하곤 했다.
– 허균, 〈홍길동전〉

15 그들은 위기를 피할 길을 [ ] 위해 한자리에 모였다.

어떤 일을 이루기 위하여 대책과 방법을 세우다.

▶ "내 이미 조선을 떠나기로 하였으니, 이곳에 와 숨어 지내다가 큰일을 ○○하리라."
– 허균, 〈홍길동전〉

16 과거에는 [ ] (으)로 태어나면 온갖 차별을 견디며 살아야 했다.

① 본부인이 아닌 여자에게서 태어난 아들.
② 맏아들 이외의 모든 아들.

▶ 홍 판서의 아들인 홍길동은 열심히 노력하여 높은 학식과 뛰어난 무술 실력을 갖추지만 ○○라는 이유로 차별을 받는다.
– 허균, 〈홍길동전〉

• 맞힌 개수 ( ) / 16문항

12개 이상	다음 회차로 넘어가도 되겠어요!
8개 ~11개	[문맥으로 소화하기] 한 번만 더 읽고 갈까요?
7개 이하	전체를 복습하고 넘어가야겠어요.

소설 필수 개념어

① 운문   글자의 수나 운율 같은 형식을 따르지 않고
소설, 수필 등과 같이 자유롭게 쓴 글.   산문

② 인물   소설에서 작가를 대신해 독자에게
이야기를 들려주는 사람.   서술자

③ 평면적 인물   사건 전개에 따라 성격이
변화하는 인물 유형.   입체적 인물

④ 전형적 인물   특정 시대, 특정 계층이나 집단의 특성을
대표하는 인물 유형.   개성적 인물

⑤ 주동 인물   작품의 주인공으로, 사건을 이끌어 가는
역할을 하는 인물 유형.   반동 인물

⑥ 사건   인물 사이에 일어나는 대립과 충돌 또는
인물과 환경 사이의 모순과 대립을 이르는 말.   갈등

⑦ 인물과 인물의 갈등   인물이 자신이 속한 사회의 제도, 관습,
윤리에 의해 겪게 되는 갈등.   인물과 사회의 갈등

⑧ 인물과 운명의 갈등 · 인물이 자신에게 주어진 운명을 부정적으로 인식하고
그 운명에서 벗어나고자 할 때 발생하는 갈등. · 인물과 자연의 갈등

⑨ 시점 · 소설에서, 이야기를 서술하여 나가는
방식이나 관점. · 초점

⑩ 1인칭 시점 · 작품 밖의 서술자가 인물이나 사건에 관해
전달하는 시점. · 3인칭 시점

⑪ 1인칭 주인공 시점 · 작품 속 주인공인 '나'가 자신의 이야기를
직접 전달하는 시점. · 1인칭 관찰자 시점

⑫ 3인칭 관찰자 시점 · 작품 밖의 서술자가 인물의 속마음, 과거 행적,
사건을 모두 말해 주는 시점. · 3인칭 전지적 시점

⑬ 복선 · 앞으로 일어날 사건에 대해 독자에게 미리
넌지시 알려 주는 소재나 사건. · 암시

⑭ 해학 · 서술자가 부정적으로 보는 대상을 우스꽝스럽게
표현함으로써 간접적으로 비판하는 서술 방식. · 풍자

소설 필수 개념어

1 ○ㅁ 운운 韻, 글월 문 文

시와 같이 일정한 규칙이나 리듬에 따라 지은 글.

산문 흩을 산 散, 글월 문 文

글자의 수나 운율 같은 형식을 따르지 않고 소설, 수필 등과 같이 자유롭게 쓴 글.

2 **인물** 사람 인 人, 물건 물 物

소설에 등장하는 사람. 사건과 갈등의 주체가 됨.

ㅅㅅㅈ 쓸 서 敍, 지을 술 述, 사람 자 者

소설에서 작가를 대신해 독자에게 이야기를 들려주는 사람.

3 ㅍㅁㅈ **인물** 평평할 평 平, 낯 면 面, 어조사 적 的

작품의 처음부터 끝까지 성격이 변화하지 않는 인물 유형.

입체적 인물 설 입 立, 몸 체 體, 어조사 적 的

사건 전개에 따라 성격이 변화하는 인물 유형.

4 **전형적 인물** 법 전 典, 모형 형 型, 어조사 적 的

특정 시대, 특정 계층이나 집단의 특성을 대표하는 인물 유형.

ㄱㅅㅈ **인물** 낱 개 個, 성질 성 性, 어조사 적 的

특정 시대, 특정 계층이나 집단과 관계없이 자신만의 독자적인 성격을 뚜렷하게 지닌 인물 유형.

5 **주동 인물** 주인 주 主, 움직일 동 動

작품의 주인공으로, 사건을 이끌어 가는 역할을 하는 인물 유형.

ㅂㄷ **인물** 반대할 반 反, 움직일 동 動

주동 인물에 반대하여 갈등을 일으키는 대립자, 적대자의 역할을 하는 인물 유형.

6 **사건** 일 사 事, 사건 건 件

인물들 사이에서 구체적으로 전개되는 이야기로, 갈등을 중심으로 이루어짐.

ㄱㄷ 칡 갈 葛, 등나무 등 藤

인물 사이에 일어나는 대립과 충돌 또는 인물과 환경 사이의 모순과 대립을 이르는 말.

😊 '내적 갈등'은 한 인물의 마음속에서 분열된 심리로 인해 생기는 갈등, '외적 갈등'은 인물과 그 외부 요소(인물, 사회, 운명, 자연)가 대립하여 생기는 갈등이야.

7 **인물과 인물의 갈등**

인물 사이의 가치관, 성격, 태도, 감정, 환경 등의 차이 때문에 발생하는 갈등.

😊 주동 인물과 반동 인물 사이의 갈등이 대표적이야.

인물과 사회의 갈등

인물이 자신이 속한 사회의 제도, 관습, 윤리에 의해 겪게 되는 갈등.

8 **인물과 운명의 갈등**

인물이 자신에게 주어진 운명을 부정적으로 인식하고 그 운명에서 벗어나고자 할 때 발생하는 갈등.

인물과 자연의 갈등

인물이 자연 현상과 대립함으로써 발생하는 갈등.

---

9 ⬛⬛ 볼 시 視, 점 점 點

소설에서, 이야기를 서술하여 나가는 방식이나 관점.

초점 태울 초 焦, 점 점 點

소설에서, 서술자가 작품 속의 어느 한 인물이나 사건 등에 집중하는 부분.

---

10 **① 인칭 시점** 하나 일 一, 사람 인 人, 일컬을 칭 稱

작품 안의 서술자가 인물이나 사건에 관해 전달하는 시점.

3인칭 시점 석 삼 三, 사람 인 人, 일컬을 칭 稱

작품 밖의 서술자가 인물이나 사건에 관해 전달하는 시점.

---

11 **1인칭 주인공 시점** 주인 주 主, 사람 인 人, 귀인 공 公

작품 속 주인공인 '나'가 자신의 이야기를 직접 전달하는 시점.

1인칭 관찰자 시점 볼 관 觀, 살필 찰 察, 사람 자 者

작품 속 부수적 인물인 '나'가 주인공을 관찰하여 주인공의 이야기를 전달하는 시점.

---

12 **3인칭 관찰자 시점** 볼 관 觀, 살필 찰 察, 사람 자 者

작품 밖의 서술자가 인물의 속마음을 모른 채 상황을 관찰하여 이야기를 서술하는 시점.

3인칭 전지적 시점 모두 전 全, 알 지 知, 어조사 적 的

작품 밖의 서술자가 인물의 속마음, 과거 행적, 사건을 모두 말해 주는 시점.

---

13 ⬛⬛ 숨길 복 伏, 줄 선 線

앞으로 일어날 사건에 대해 독자에게 미리 넌지시 알려 주는 소재나 사건.

암시 어두울 암 暗, 보일 시 示

뜻하는 바를 간접적으로 나타내는 표현법.

---

14 ⬛⬛ 농담할 해 諧, 희롱할 학 謔

대상을 우스꽝스럽게 표현하여 독자가 대상에게 호감과 연민을 느끼게 하는 서술 방식.

풍자 풍자할 풍 諷, 찌를 자 刺

서술자가 부정적으로 보는 대상을 우스꽝스럽게 표현함으로써 간접적으로 비판하는 서술 방식.

빈칸 답 ❶운문 ❷서술자 ❸평면적 ❹개성적 ❺반동 ❻갈등 ❾시점 ⓾1 ⓭복선 ⓮해학

3단계 문맥으로 소화하기

아래에서 빈칸에 알맞은 어휘를 <보기>에서 찾아 문맥에 맞게 쓰세요.

소설 필수 개념어

┌ 보기 ┐

갈등	복선	사건	산문	시점	인물
풍자	해학	서술자	반동 인물	입체적 인물	전형적 인물
평면적 인물	3인칭 전지적 시점	인물과 사회의 갈등	인물과 운명의 갈등	1인칭 주인공 시점	

01 ☐☐☐☐☐ 은/는 작가가 의도를 가지고 꾸며 낸 인물로, 작가와 같은 인물이 아니다.

소설에서 작가를 대신해 독자에게 이야기를 들려주는 사람.

소설에 등장하는 사람. 사건과 갈등의 주체가 됨.

02 소설을 읽을 때에는 ☐☐☐☐☐ 의 말과 행동뿐 아니라, 성격과 감정과 같은 내면도 세심히 살피며 읽어야 한다.

03 고전 소설에는 <흥부전>의 흥부와 같은 ☐☐☐☐☐ 이/가 주로 등장한다.

작품의 처음부터 끝까지 성격이 변화하지 않는 인물 유형.

04 <감자>의 복녀는 처음에는 도덕적 성품을 지니고 있었으나 서서히 타락해 가는 ☐☐☐☐☐ 이다.

사건 전개에 따라 성격이 변화하는 인물 유형.

05 <꺼삐딴 리>의 이인국 박사는 일제 강점기 이후 혼란한 시기를 거치면서 자신의 출세만을 위해 행동하는 기회주의자를 대표하는 ☐☐☐☐☐ 이다.

특정 시대, 특정 계층이나 집단의 특성을 대표하는 인물 유형.

06 <흥부전>에서 ☐☐☐☐☐ 은/는 놀부이다.

주동 인물에 반대하여 갈등을 일으키는 대립자, 적대자의 역할을 하는 인물 유형.

07 흔히 소설 구성의 3요소로 '인물, ☐☐☐☐☐, 배경'을 든다.

인물들 사이에서 구체적으로 전개되는 이야기로, 갈등을 중심으로 이루어짐.

인물 사이에 일어나는 대립과 충돌 또는 인물과 환경 사이의 모순과 대립을 이르는 말.

08 소설의 사건은 ☐☐☐☐☐ 을/를 중심으로 이루어지며 이를 통해 한 사건에서 다른 사건으로 이야기를 전개해 나가게 된다.

09 〈사랑손님과 어머니〉의 어머니는 자신의 감정과, 과부의 재가를 탐탁지 않게 바라보는 사회적 관습 사이에서 [   ]을/를 겪는 인물이다.

인물이 자신이 속한 사회의 제도, 관습, 윤리에 의해 겪게 되는 갈등.

10 [   ]은/는 영웅 소설이나 신화에서 주로 나타난다.

인물이 자신에게 주어진 운명을 부정적으로 인식하고 그 운명에서 벗어나고자 할 때 발생하는 갈등.

불길한 일이 생길 것 같아..

11 〈소나기〉에서 소녀의 꽃묶음이 망가진 사건은 소녀의 죽음을 암시하는 [   ]이다.

앞으로 일어날 사건에 대해 독자에게 미리 넌지시 알려 주는 소재나 사건.

소설에서, 이야기를 서술하여 나가는 방식이나 관점.

12 소설의 [   ]은/는 서술자가 작품 밖에 있느냐, 안에 있느냐, 누구에 대해 어디까지 서술하느냐에 따라 4가지로 나뉜다.

작품 속 주인공 '나'가 자신의 이야기를 직접 전달하는 시점.

13 [   ]은/는 사건이 주인공 '나'의 입장에서만 서술되므로 서술 내용이 주관적이기 쉽다.

14 [   ]에서 독자는 서술자의 분석을 받아들이기만 하면 되므로 상상력이 제한된다.

작품 밖의 서술자가 인물의 속마음, 과거 행적, 사건을 모두 말해 주는 시점.

15 작가는 이 소설을 통해 우리나라의 부패한 정치인들을 신랄하게 [   ]하고 있다.

서술자가 부정적으로 보는 대상을 우스꽝스럽게 표현함으로써 간접적으로 비판하는 서술 방식.

16 이 소설은 당대 서민의 고된 삶을 [   ]적으로 형상화하였다는 평가를 받는다.

대상을 우스꽝스럽게 표현하여 독자가 대상에게 호감과 연민을 느끼게 하는 서술 방식.

• **맞힌 개수 (   ) / 16문항**

12개 이상	다음 회차로 넘어가도 되겠어요!
8개 ~ 11개	[문맥으로 소화하기] 한 번만 더 읽고 갈까요?
7개 이하	전체를 복습하고 넘어가야겠어요.

[01~04] 다음 문장의 괄호 안에 들어갈 알맞은 단어를 고르시오.

01 차가 많이 막혀서 면접 시간에 늦을까 봐 (뱃심 / 조바심)이 났다.

02 부모를 공경하는 것은 자식이 지켜야 할 마땅한 (도량 / 도리)이다.

03 나를 싫어하는 친구가 좋지 않은 소문을 퍼뜨려 나를 (도모했다 / 모함했다).

04 어릴 때부터 여행하는 삶을 (동경하던 / 동정하던) 언니는 여행 작가가 되었다.

05 다음 ㉠~㉤ 어디에도 들어갈 수 <u>없는</u> 것은?

- 임금은 공신에게 말 한 필을 (㉠).
- 오랜만에 온 가족이 화기애애하게 모인 것이 진심으로 (㉡).
- 그는 자신의 아들이 데려온 예비 며느리를 보고 웃음을 띠며 (㉢).
- 작은 실수를 한 김 대리에게 과장님은 노골적인 (㉣)을/를 퍼부었다.
- 그 아이는 동네 형들에게 한 마디도 지지 않고 (㉤)을/를 하고 있었다.

① 힐난   ② 대거리   ③ 기꺼웠다   ④ 반색했다   ⑤ 하직했다

06 제시된 뜻풀이를 참고하여 다음 십자말풀이를 완성하시오.

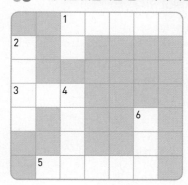

가로 열쇠

1. 몸은 작아도 야무지고 다부진 면이 있다.
3. 건장하고 씩씩한 사내.
5. 못마땅하거나 시답지 않아 불쑥 하는 말이나 태도에 무뚝뚝한 기색이 있다.

세로 열쇠

1. 뜻하는 바를 간접적으로 나타내는 표현법.
2. 의기양양하여 자꾸 뽐내다.
4. 재산이 많고 지위가 높으며 공을 세워 이름을 떨침.
6. 마음이 너그럽고 착하며 슬기롭고 덕이 높다.

[07~08] 다음 밑줄 친 말과 바꿔 쓰기에 가장 적절한 것을 고르시오.

07 그는 <u>성품이 너그럽지 못하고 생각이 좁아서</u> 사소한 일에도 쉽게 화를 낸다.
① 관대해서   ② 무료해서   ③ 무안해서   ④ 방자해서   ⑤ 옹졸해서

08 홍길동은 <u>보통 수준보다 훨씬 뛰어난</u> 재주를 지녔으나 서자라는 이유로 차별 대우를 받으며 자랐다.
① 범상한   ② 비범한   ③ 비천한   ④ 존귀한   ⑤ 평범한

[09~11] 다음 설명에 해당하는 단어를 〈보기〉에서 찾아 쓰시오.

> **● 보기 ●**
>
> 갈등   복선   산문   풍자   해학   서술자

09 소설에서 작가를 대신해 독자에게 이야기를 들려주는 사람. ➡ (   )

10 인물 사이에 일어나는 대립과 충돌 또는 인물과 환경 사이의 모순과 대립을 이르는 말. ➡ (   )

11 서술자가 부정적으로 보는 대상을 우스꽝스럽게 표현함으로써 간접적으로 비판하는 서술 방식. ➡ (   )

[12~17] 다음 개념에 해당하는 설명을 찾아 바르게 연결하시오.

12 평면적 인물   •

13 입체적 인물   •

14 전형적 인물   •

15 개성적 인물   •

16 1인칭 관찰자 시점 •

17 3인칭 관찰자 시점 •

• ㉠ 사건 전개에 따라 성격이 변화하는 인물 유형.

• ㉡ 작품의 처음부터 끝까지 성격이 변화하지 않는 인물 유형.

• ㉢ 특정 시대, 특정 계층이나 집단의 특성을 대표하는 인물 유형.

• ㉣ 작품 속 부수적 인물인 '나'가 주인공을 관찰하여 주인공의 이야기를 전달하는 시점.

• ㉤ 작품 밖의 서술자가 인물의 속마음을 모른 채 상황을 관찰하여 이야기를 서술하는 시점.

• ㉥ 특정 시대, 특정 계층이나 집단과 관계없이 자신만의 독자적인 성격을 뚜렷하게 지닌 인물 유형.

[1~2] 다음을 읽고, 물음에 답하시오.

　　그러자 자기라는 몸은 벌써 삼촌의 이른바 나쁜 데 빠지고 만 것이었다. 그야 자기는 수만이가 시켜서 한 일이니까 잘못이 없다는 것이지만 당초에 그것은 제 ㉠허물을 남에게 밀려는 얄미운 ㉡구실이 아니고 뭐냐. 그리고 문기는 이미 삼촌을 속였다. 또 써서는 아니 될 돈을 쓰고 말았다. 아아, 일찍이 어머니를 여의고, 아버지란 사람은 일상 천냥만냥 하고 허한 소리만 하면서 ㉢남루한 주제에 거처가 없이 시골, 서울로 돌아다니는 사람이고, 어려서부터 문기를 길러 낸 사람이 삼촌이었다. 그리고 조카의 장래를 자기의 그것보다 더 중히 알고 ㉣염려하며 잘되어 주기를 바라는 삼촌이었다. 그 삼촌의 기대에 어그러지지 않는 인물이 되어 보이겠다고 엊그제도 주먹을 쥐고 **결심(決心)**하던 문기가 아니냐. 생각할수록 낯이 뜨거워지는 일이다. 〈중략〉 "작은아버지." / 하고 문기는 입을 열었다. 그리고,

　　"저는 마땅히 받아야 할 벌을 받은 거예요." / 하고 문기는 눈을 감으며 한 마디 한 마디 그러나 똑똑하게 처음서부터 끝까지 먼저 고깃간 주인이 일 원을 십 원으로 알고 거슬러 준 것, 그 돈을 써 버린 것, 그리고 또 붙장 안의 돈을 자기가 훔쳐 낸 것, 이렇게 하나하나 숨김 없이 ㉤자백을 하자 이때까지 겹겹으로 몸을 싸고 있던 허물이 한 꺼풀 한 꺼풀 벗어지면서 따라 마음속의 어둠도 차차 사라지며 맑아 가는 것을, 문기는 확실히 깨달을 수 있었다.

　　　　　　　　　– 현덕, 〈하늘은 맑건만〉 / 천재(노) 1-1, 미래엔·지학사·창비·천재(박) 1-2

[세부 내용 이해하기]

1 이 글을 이해한 내용으로 적절하지 <u>않은</u> 것은?

① 문기는 자신의 잘못을 모두 자백한 뒤 죄책감에서 벗어나게 되었군.
② 문기의 어머니는 일찍 돌아가셨고, 아버지는 떠돌이 생활을 하시는군.
③ 문기의 모습을 통해 양심을 따르며 정직하게 살자는 주제를 전달하고 있군.
④ 문기의 삼촌은 부모님의 역할을 대신하며 문기가 바르게 자라기를 바라는 인물이군.
⑤ 문기는 문기의 장래를 염려하여 문기에게 벌을 주려는 삼촌과 외적 갈등을 겪고 있군.

[어휘의 사전적 의미]

2 ㉠~㉤의 사전적 의미로 적절하지 <u>않은</u> 것은?

① ㉠: 잘못 저지른 실수.
② ㉡: 자기가 마땅히 해야 할 맡은 바 책임.
③ ㉢: 옷 등이 낡아 해지고 차림새가 너저분한.
④ ㉣: 앞일에 대하여 여러 가지로 마음을 써서 걱정하며.
⑤ ㉤: 자기가 저지른 죄나 자기의 허물을 남들 앞에서 스스로 고백함. 또는 그 고백.

[3~4] 다음을 읽고, 물음에 답하시오.

"느 집엔 이거 없지?" / 하고 ㉠생색 있는 큰소리를 하고는 제가 준 것을 남이 알면 큰일 날 테니 여기서 얼른 먹어 버리란다. 그리고 또 하는 소리가

"너 봄 감자가 맛있단다." / "난 감자 안 먹는다, 니나 먹어라."

나는 고개도 돌리지 않고 일하던 손으로 그 감자를 도로 어깨 너머로 쑥 밀어 버렸다.

그랬더니 그래도 가는 ㉡기색이 없고, 뿐만 아니라 쌔근쌔근하고 심상치 않게 숨소리가 점점 거칠어진다. 이건 또 뭐야 싶어서 그때에야 비로소 돌아다보니 나는 참으로 놀랐다. 우리가 이 동리에 들어온 것은 근 삼 년째 되어 오지만 여지껏 가무잡잡한 점순이의 얼굴이 이렇게까지 홍당무처럼 새빨개진 법이 없었다. 게다 눈에 독을 올리고 한참 나를 요렇게 쏘아보더니 나중에는 눈물까지 ㉢어리는 것이 아니냐. 그리고 바구니를 다시 집어 들더니 이를 꼭 악물고는 엎어질 듯 자빠질 듯 논둑으로 휑허케 달아나는 것이다.

어쩌다 동리 어른이 / "너 얼른 시집을 가야지?" / 하고 웃으면

"염려 마서유. 갈 때 되면 어련히 갈라구!" / 이렇게 천연덕스레 받는 점순이였다. 〈중략〉

설혹 주는 감자를 안 받아먹은 것이 **실례(失禮)**라 하면, 주면 그냥 주었지 "느 집엔 이거 없지?"는 다 뭐냐. 그렇잖아도 저희는 ㉣마름이고 우리는 그 손에서 ˚배재를 얻어 땅을 부치므로 일상 ㉤굽실거린다.   – 김유정, 〈동백꽃〉 / 동아 1–2, 교학사·금성·미래엔·천재(노)·천재(박) 2–1, 지학사 2–2

• **배재** 마름과 소작인이 주고받는 소작권 위임 문서.

[세부 내용 이해하기]

3 이 글을 통해 알 수 있는 내용으로 적절하지 않은 것은?

① '나'는 점순이가 건넨 감자를 받지 않았다.
② '나'는 점순이가 감자로 생색을 낸다고 생각했다.
③ 점순이는 마름의 딸이고 '나'는 소작인의 아들이다.
④ 점순이는 '나'가 자신의 호의를 거절하자 눈물을 보였다.
⑤ 점순이는 평소 수줍음이 많고 부끄러움을 잘 타는 성격이다.

[어휘의 문맥적 의미]

4 ㉠~㉤을 문장에 사용한 것으로 적절하지 않은 것은?

① ㉠: 언니는 생일 선물로 볼품없는 옷 하나 건네주고는 무척 생색을 냈다.
② ㉡: 해가 중천에 떴는데도 형은 일어날 기색을 보이지 않는다.
③ ㉢: 그는 이런 일을 하기에는 나이도 어리고 몸도 너무 약하다.
④ ㉣: 그는 땅 주인도 아니면서 마름이랍시고 소작인들에게 함부로 대했다.
⑤ ㉤: 그 직원은 사장에게 굽실거리며 잘 보이려고 애썼다.

[5~6] 다음을 읽고, 물음에 답하시오.

✎ 지문 이해

해제 조선 후기 (   )의 부정적인 삶의 모습을 신랄하게 풍자한 고전 소설이다.

주제 양반들의 무능과 허례 허식, 탐욕에 대한 (   )

정선군에 어떤 양반이 살았다. 양반은 ㉠어질고 책 읽기를 좋아해서 고을에 군수가 새로 ㉡부임할 때마다 반드시 그 집에 찾아가 인사를 차렸다. 하지만 집이 가난해서 해마다 군(郡)에서 ㉢환자를 빌려다가 먹었는데, 몇 해가 지나고 보니 빌린 곡식이 일천 섬에 이르렀다.

관찰사가 각 고을을 ㉣순시하다가 환자 장부를 살펴보고는 몹시 노하여 말했다.

"어떤 놈의 양반이 관아 곡식을 이처럼 축냈단 말이냐!"

관찰사는 양반을 옥에 가두도록 명했다. 군수는 양반이 가난해서 빌린 곡식을 갚을 길이 없는 형편임을 딱하게 여겨 차마 가두지 못했지만, 그렇다고 해서 달리 뾰족한 방법을 찾을 수도 없었다. 양반은 밤낮으로 울기만 할 뿐 아무런 ㉤대책이 없었다. 그러자 양반의 아내가 나무랐다.

"평생 당신은 책 읽기를 좋아하더니만 환자 갚는 데는 아무 **소용(所用)**도 없구려. 쯧쯧, 양반! 양반은 한 푼어치도 안 되는구려!"

– 박지원, 〈양반전〉 / 지학사·천재(박) 2–1, 동아·천재(노) 2–2

[세부 내용 이해하기]

5 이 글의 내용과 일치하지 <u>않는</u> 것은?

① 양반은 환자를 갚을 방법을 찾지 못했다.

② 군수는 양반의 가난한 처지를 안타깝게 생각했다.

③ 양반은 경제적 능력이 없어서 관아에서 곡식을 빌려 먹었다.

④ 관찰사는 관아 곡식을 축낸 양반을 옥에 가두라고 명령했다.

⑤ 양반의 아내는 양반이 책 읽기를 좋아하는 것을 자랑스럽게 여겼다.

📝 어휘력 넓히기

쓸 용(用)

● **소용(所用)** | 쓸 곳. 또는 쓰이는 바.

● **통용(通用)** | 일반적으로 두루 씀.

● **남용(濫用)** | ① 일정한 기준이나 한도를 넘어서 함부로 씀. ② 권리나 권한 등을 본래의 목적이나 범위를 벗어나 함부로 행사함.

☑ 간단 확인

약물을 (   )하면 치료는커녕 건강을 해칠 우려가 있다.

[어휘의 사전적 의미]

6 ㉠~㉤의 사전적 의미로 적절하지 <u>않은</u> 것은?

① ㉠: 마음씨가 몹시 매섭고 독하고.

② ㉡: 임명이나 발령을 받아 근무할 곳으로 갈.

③ ㉢: 조선 시대에, 곡식을 사창(社倉)에 저장하였다가 백성들에게 봄에 꾸어 주고 가을에 이자를 붙여 거두던 일. 또는 그 곡식.

④ ㉣: 돌아다니며 사정을 보살피다가.

⑤ ㉤: 어떤 일에 대처할 계획이나 수단.

III

비문학 필수 어휘

① 선진국 | 다른 나라보다 정치·경제·문화 따위의 발달이 앞선 나라. | 개발 도상국

② 선입견 | 어떤 대상에 대하여 이미 마음속에 가지고 있는 고정적인 관념이나 관점. | 편견

③ 순기능 | 본래 의도한 것과 반대로 작용하는 기능. | 역기능

④ 이타적 | 자기의 이익보다는 다른 이의 이익을 더 꾀하는. 또는 그런 것. | 이기적

⑤ 가시적 | 겉으로 드러나지 않고 숨은 상태로 존재하는. 또는 그런 것. | 잠재적

⑥ 배타적 | 힘을 합하여 서로 돕는. 또는 그런 것. | 협력적

⑦ 대조 | 둘 이상의 대상을 견주어 공통점을 드러내는 설명 방법. | 비교

⑧ 구분　　　비슷한 특성을 지닌 대상들을 일정한 기준에 따라
몇 개로 나누어 설명하는 방법.　　　분석

⑨ 만연하다　　　(비유적으로) 전염병이나 나쁜 현상이
널리 퍼지다.　　　팽배하다

⑩ 밀접하다　　　아주 가깝게 맞닿아 있다.
또는 그런 관계에 있다.　　　밀집하다

⑪ 지양하다　　　어떤 목표로 뜻이 쏠리어 향하다.　　　지향하다

⑫ 선출하다　　　여럿 가운데서 골라내다.　　　선호하다

⑬ 자제하다　　　자기의 감정이나 욕망을 스스로 억제하다.　　　규제하다

⑭ 통용되다　　　일반적으로 두루 쓰이다.　　　통칭되다

10 **2단계**
꼼꼼히 확인하기

1단계 퀴즈의 정답은 아래에서 **초록색으로** 표시했습니다.
오답의 어휘와 뜻풀이까지 꼼꼼하게 확인해 보세요.

사회 일반

1 ㅅ ㅈ ㄱ　먼저 선 先, 나아갈 진 進, 나라 국 國

다른 나라보다 정치·경제·문화 따위의 발달이 앞선 나라.

개발 도상국　열 개 開, 드러날 발 發, 길 도 途, 위 상 上, 나라 국 國

산업의 근대화와 경제 개발이 선진국에 비하여 뒤떨어진 나라.

2 ㅅ ㅇ ㄱ　먼저 선 先, 들 입 入, 볼 견 見

어떤 대상에 대하여 이미 마음속에 가지고 있는 고정적인 관념이나 관점.

편견　치우칠 편 偏, 볼 견 見

공정하지 못하고 한쪽으로 치우친 생각.

3 **순기능**　따를 순 順, 틀 기 機, 능할 능 能

본래 목적한 대로 작용하는 긍정적인 기능.

ㅇ ㄱ ㄴ　거스를 역 逆, 틀 기 機, 능할 능 能

본래 의도한 것과 반대로 작용하는 기능.

4 ㅇ ㅌ ㅈ　이로울 이 利, 다를 타 他, 어조사 적 的

자기의 이익보다는 다른 이의 이익을 더 꾀하는. 또는 그런 것.

이기적　이로울 이 利, 자기 기 己, 어조사 적 的

자기 자신의 이익만을 꾀하는. 또는 그런 것.

5 **가시적**　가히 가 可, 볼 시 視, 어조사 적 的

눈으로 볼 수 있는. 또는 그런 것.

ㅈ ㅈ ㅈ　잠길 잠 潛, 있을 재 在, 어조사 적 的

겉으로 드러나지 않고 숨은 상태로 존재하는. 또는 그런 것.

6 ㅂ ㅌ ㅈ　밀칠 배 排, 다를 타 他, 어조사 적 的

남을 싫어하여 거부하고 따돌리는 경향이 있는. 또는 그런 것.

협력적　합칠 협 協, 힘 력 力, 어조사 적 的

힘을 합하여 서로 돕는. 또는 그런 것.

7 ㄷ ㅈ　대할 대 對, 비칠 조 照

둘 이상의 대상을 견주어 차이점을 드러내는 설명 방법.

예 희곡은 연극의 대본이고, 시나리오는 영화의 대본이다.

비교　견줄 비 比, 견줄 교 較

둘 이상의 대상을 견주어 공통점을 드러내는 설명 방법.

예 희곡과 소설은 갈등을 중심으로 전개되는 문학 작품이다.

8 ⓒ ㄱ ㅂ · 구역 구 區, 나눌 분 分

비슷한 특성을 지닌 대상들을 일정한 기준에 따라 몇 개로 나누어 설명하는 방법.

㉠ 국어의 단어는 기능에 따라 체언, 용언, 수식언, 관계언, 독립언으로 나눌 수 있다.

분석 · 나눌 분 分, 가를 석 析

하나의 대상을 이루고 있는 구성 요소를 개별적인 부분이나 성질로 나누어 설명하는 방법.

㉠ 곤충의 몸은 머리, 가슴, 배의 세 부분으로 이루어져 있다.

9 ㅁ ㅇ 하다 · 덩굴 만 蔓, 늘일 연 延

(비유적으로) 전염병이나 나쁜 현상이 널리 퍼지다.

☺ 식물의 줄기가 널리 뻗는다는 뜻에서 나온 말이야.

팽배하다 · 물결칠 팽 澎, 물결칠 배 湃

어떤 기세나 사상의 흐름 등이 매우 거세게 일어나다.

10 **밀접하다** · 빽빽할 밀 密, 닿을 접 接

아주 가깝게 맞닿아 있다. 또는 그런 관계에 있다.

ㅁ ㅈ 하다 · 빽빽할 밀 密, 모일 집 集

빈틈없이 **빽빽**하게 모이다.

11 ㅈ ㅇ 하다 · 멈출 지 止, 오를 양 揚

더 높은 단계로 오르기 위하여 어떠한 것을 하지 아니하다.

지향하다 · 뜻 지 志, 향할 향 向

어떤 목표로 뜻이 쏠리어 향하다.

12 **선출하다** · 고를 선 選, 날 출 出

여럿 가운데서 골라내다.

ㅅ ㅎ 하다 · 고를 선 選, 좋을 호 好

여럿 가운데서 특별히 가려서 좋아하다.

13 ㅈ ㅈ 하다 · 스스로 자 自, 누를 제 制

자기의 감정이나 욕망을 스스로 억제하다.

규제하다 · 법 규 規, 누를 제 制

규칙이나 법에 의하여 개인이나 단체의 활동을 제한하다.

14 ㅌ ㅇ 되다 · 통할 통 通, 쓸 용 用

일반적으로 두루 쓰이다.

통칭되다 · 통할 통 通, 칭할 칭 稱

일반적으로 널리 일러지다.

빈칸 답 ❶선진국 ❷선입견 ❸역기능 ❹이타적 ❺잠재적 ❻배타적 ❼대조 ❽구분 ❾만연 ❿밀집 ⑪지양 ⑫선호 ⑬자제 ⑭통용

아래에서 빈칸에 알맞은 어휘를 <보기>에서 찾아 문맥에 맞게 쓰세요.

보기

분석	편견	가시적	배타적	선입견	선진국	순기능
역기능	이기적	잠재적	협력적	규제하다	만연하다	밀집하다
선출하다	선호하다	지양하다	지향하다	통용되다	팽배하다	개발 도상국

01 국회의원 선거는 국민의 대표를 [   ] 것이다.

여럿 가운데서 골라내다.

02 내가 속한 집단에만 유리한 판단 기준을 적용하는 [   ]인 행동을 경계해야 한다.

자기 자신의 이익만을 꾀하는. 또는 그런 것.

03 남녀 차별을 지양하고 평등을 [   ] 쪽으로 사회 분위기가 바뀌고 있다.

어떤 목표로 뜻이 쏠리어 향하다.

▶ 청소년들은 일상생활 장애, 가상 세계 ○○, 금단 증상, 내성 등의 증세를 보이는 것으로 나타났다.
– 국어 1-1

04 그 나라는 [   ]에서 선진국으로 올라가는 단계에 놓여 있다.

산업의 근대화와 경제 개발이 선진국에 비하여 뒤떨어진 나라.

05 사람들은 흔히 운동선수는 지적인 것과 거리가 멀 것이라는 [   ]을/를 지니고 있다.

어떤 대상에 대하여 이미 마음속에 가지고 있는 고정적인 관념이나 관점.

06 우리나라에서는 법률에 의거하여 마약의 거래와 유통을 철저히 [   ] 있다.

규칙이나 규정에 의하여 일정한 한도를 정하거나 정한 한도를 넘지 못하게 막다.

07 '시계는 태엽, 초침, 분침, 시침 등으로 구성되어 있다.'에는 '[   ]'의 설명 방법이 사용되었다.

하나의 대상을 이루고 있는 구성 요소를 개별적인 부분이나 성질로 나누어 설명하는 방법.

08 우리 사회에 [   ] 집단 이기주의를 타파해야 한다.

(비유적으로) 전염병이나 나쁜 현상이 널리 퍼지다.

09 무분별한 소비는 [   ]한다.

더 높은 단계로 오르기 위하여 어떠한 것을 하지 아니하다.

10 정부의 경제 성장 정책이 [   ]인 성과를 보이고 있다.

눈으로 볼 수 있는. 또는 그런 것.

11 한국에 들어온 외국 기업들은 우리에게 [   ]인 위협이 될 것이다.

겉으로 드러나지 않고 숨은 상태로 존재하는. 또는 그런 것.

12 요즘 젊은 세대들 사이에는 기성세대에 대한 불신이 [   ] 있다.

① 큰 물결이 맞부딪쳐 솟구치다.
② 어떤 기세나 사상의 흐름 등이 매우 거세게 일어나다.

남을 싫어하여 거부하고 따돌리는 경향이 있는. 또는 그런 것.

13 두 종교는 서로 [   ]인 관계일 때도 있었지만 지역 사회를 위해서는 협력하기도 했다.

14 서울은 대한민국에서 인구가 가장 [   ] 도시이다.

빈틈없이 빽빽하게 모이다.

15 ○○시는 시 전역에서 [   ] 지역 상품권을 발행하였다.

① 일반적으로 두루 쓰이다.
② 어떤 말이나 사물이 어떤 뜻이나 수단으로 쓰이다.
③ 서로 넘나들어 두루 쓰이다.

▶ 이처럼 국제적으로 ○○되고 있는 만 나이 계산법으로 나이를 계산하면 나이 계산과 관련하여 나라 간의 오해를 줄일 수 있을 것으로 생각합니다.
– 국어 1–2

16 인터넷은 우리의 생활을 보다 편리하게 해 주었지만 악성 댓글이나 사생활 침해와 같은 [   ]도 가져 왔다.

본래 의도한 것과 반대로 작용하는 기능.

• 맞힌 개수 (   ) / 16문항

12개 이상	다음 회차로 넘어가도 되겠어요!
8개 ~11개	[문맥으로 소화하기] 한 번만 더 읽고 갈까요?
7개 이하	전체를 복습하고 넘어가야겠어요.

1 과거   우리나라와 중국에서 관리를 뽑을 때 실시하던 시험.   천거

2 중인   조선 시대에, 양반과 평민의 중간에 있던 신분 계급.   천민

3 문신   (옛날에) 신하 가운데 무관인 사람.   무신

4 외세   ① 외국의 세력. ② 바깥의 형세.   외척

5 귀향   고려·조선 시대에, 죄인을 먼 시골이나 섬으로 보내어 일정한 기간 동안 제한된 곳에서만 살게 하던 형벌.   귀양

6 중립적   어느 편에도 치우치지 않고 공정한 태도를 취하는. 또는 그런 것.   편파적

7 국경   나라와 나라의 영역을 가르는 경계.   변방

8 원주민   다른 곳으로 옮겨 가서 사는 사람.
또는 다른 지역에서 옮겨 와서 사는 사람.   이주민

9 문명   인류가 이룩한 물질적, 기술적, 사회 구조적인 발전.   미개

10 쇠퇴하다   한창 성하게 일어나 퍼지다.   번성하다

11 착취하다   자원이나 재산, 노동력 등을 정당한 대가를
주지 않고 빼앗아 이용하다.   착수하다

12 알현하다   지체가 높고 귀한 사람을 찾아가 뵈다.   읍소하다

13 평정하다   임금으로서 나라를 거느려 다스리다.   군림하다

14 반영하다   다른 것에 영향을 받아 어떤 현상을 나타내다.   왜곡하다

11 2단계

꼼꼼히 확인하기 / 1단계 퀴즈의 정답은 아래에서 **초록색으로** 표시했습니다.
오답의 어휘와 뜻풀이까지 꼼꼼하게 확인해 보세요.

역사

❶ ㄱ ㄱ 과목 과 科, 들 거 擧

우리나라와 중국에서 관리를 뽑을 때 실시하던 시험.

천거 올릴 천 薦, 들 거 擧

어떤 일을 맡아 할 수 있는 사람을 그 자리에 쓰도록 소개하거나 추천함.

❷ **중인** 가운데 중 中, 사람 인 人

조선 시대에, 양반과 평민의 중간에 있던 신분 계급.

😄 기술직이나 사무직에 종사하던 사람들로, 기술관, 향리, 서리, 역리 등이 해당 돼.

ㅊ ㅁ 천할 천 賤, 백성 민 民

조선 시대에, 천한 일에 종사하던 가장 낮은 계급의 백성.

😄 노비, 기생, 백정, 광대, 공장, 무당, 승려, 상여꾼 등의 사람들이야.

❸ ㅁ ㅅ 글월 문 文, 신하 신 臣

(옛날에) 신하 가운데 문관인 사람.

무신 굳셀 무 武, 신하 신 臣

(옛날에) 신하 가운데 무관인 사람.

😄 '무관(武官)'은 군에 소속되어 군사 일을 담당하는 관리야.

❹ ㅇ ㅅ 바깥 외 外, 힘 세 勢

① 외국의 세력. ② 바깥의 형세.

외척 바깥 외 外, 겨레 척 戚

어머니 쪽의 친척.

😄 역사에서는 왕의 처가, 즉 왕비의 친정을 외척이라고 해. 역사 속에서 권력을 잡은 외척의 사례를 쉽게 찾아볼 수 있어.

❺ **귀향** 돌아갈 귀 歸, 시골 향 鄉

고향으로 돌아가거나 돌아옴.

ㄱ ㅇ

고려·조선 시대에, 죄인을 먼 시골이나 섬으로 보내어 일정한 기간 동안 제한된 곳에서만 살게 하던 형벌.

❻ **중립적** 가운데 중 中, 설 립 立, 어조사 적 的

어느 편에도 치우치지 않고 공정한 태도를 취하는. 또는 그런 것.

ㅍ ㅍ ㅈ 치우칠 편 偏, 기울 파 頗, 어조사 적 的

공정하지 못하고 어느 한쪽으로 치우친. 또는 그런 것.

❼ **국경** 나라 국 國, 지경 경 境

나라와 나라의 영역을 가르는 경계.

ㅂ ㅂ 가 변 邊, 모 방 方

도시에서 멀리 떨어져 있거나 나라와 나라 사이의 경계가 되는 가장자리 지역.

8

원주민   본디 원 原, 살 주 住, 백성 민 民

그 지역에 본디부터 살고 있는 사람들.

(ㅇ)(ㅈ)(ㅁ)   옮길 이 移, 살 주 住, 백성 민 民

다른 곳으로 옮겨 가서 사는 사람. 또는 다른 지역에서 옮겨 와서 사는 사람.

9

문명   글월 문 文, 밝을 명 明

인류가 이룩한 물질적, 기술적, 사회 구조적인 발전.

↔ (ㅁ)(ㄱ)   아닐 미 未, 열 개 開

사회가 발전되지 않고 문화 수준이 낮은 상태.

10

(ㅅ)(ㅌ)**하다**   쇠할 쇠 衰, 물러날 퇴 退

기세나 상태가 쇠하여 전보다 못하여 가다.

번성하다   많을 번 蕃, 담을 성 盛

한창 성하게 일어나 퍼지다.

참 번창(繁昌)하다: 어떤 조직이나 활동 등이 한창 잘되어 크게 일어나다.

11

(ㅊ)(ㅊ)**하다**   짤 착 搾, 가질 취 取

자원이나 재산, 노동력 등을 정당한 대가를 주지 않고 빼앗아 이용하다.

착수하다   붙을 착 着, 손 수 手

어떤 일에 손을 대다. 또는 어떤 일을 시작하다.

12

(ㅇ)(ㅎ)**하다**   아뢸 알 謁, 나타날 현 見

지체가 높고 귀한 사람을 찾아가 뵈다.

읍소하다   울 읍 泣, 하소연할 소 訴

눈물을 흘리며 간절히 하소연하다.

13

(ㅍ)(ㅈ)**하다**   평평할 평 平, 정할 정 定

반란이나 폭동 등을 누르고 조용하고 편안한 상태로 만들다.

참 진정(鎭靜)하다: 몹시 소란스럽고 어지러운 일을 가라앉히다. 예 사태를 진정하다.

14

반영하다   돌이킬 반 反, 비칠 영 映

다른 것에 영향을 받아 어떤 현상을 나타내다.

(ㅇ)(ㄱ)**하다**   비뚤 왜 歪, 굽을 곡 曲

사실과 다르게 해석하거나 그릇되게 하다.

빈칸 답 ① 과거 ② 천민 ③ 문신 ④ 외세 ⑤ 귀양 ⑥ 편파적 ⑦ 변방 ⑧ 이주민 ⑨ 미개 ⑩ 쇠퇴 ⑪ 착취 ⑫ 알현 ⑬ 평정 ⑭ 왜곡

아래에서 빈칸에 알맞은 어휘를 <보기>에서 찾아 문맥에 맞게 쓰세요.

역사

> 보기

과거	국경	귀양	무신	문명	미개	변방
외세	외척	중인	천거	천민	이주민	중립적
편파적	군림하다	반영하다	번성하다	쇠퇴하다	알현하다	착취하다

01 선진 문물을 가져 온 [   ]들이 원주민들의 자리를 차지하고 말았다.

　　　다른 곳으로 옮겨 가서 사는 사람. 또는 다른 지역에서 옮겨 와서 사는 사람.

▶ 우리나라에 거주하는 외국인 ○○○들의 삶은 어떠할까?
　　　　　　　　　　－ 국어 1-1

02 진평왕 시대까지 [   ] 신라는 27대 선덕여왕이 등장하면서 급격하게 기울기 시작한다.

　　　한창 성하게 일어나 퍼지다.

03 강화도는 왕의 피난처이자 [   ]이/가 진입하는 길목이기도 하였다.

　　　① 외국의 세력. ② 바깥의 형세.

▶ 종이 옷에 관한 기록은 ○○의 침략에 반복적으로 시달렸던 시기에 유난히 자주 등장합니다.
　　　　　　　　　　－ 국어 1-2

04 그 나라는 끝까지 [   ]인 위치를 지키며 전쟁에 휘말리지 않으려 애썼다.

　　　① 어느 편에도 치우치지 아니하고 공정한 태도를 취하는. 또는 그런 것.
　　　② 국가 사이의 분쟁이나 전쟁에 관여하지 아니하고 중간적 태도를 지키는. 또는 그런 것.

05 왕은 신하의 [   ]을/를 받아 인재를 등용했다.

　　　어떤 일을 맡아 할 수 있는 사람을 그 자리에 쓰도록 소개하거나 추천함.

06 거의 모든 위대한 문학 작품은 역사의 흐름을 [   ] 있다.

　　　① 빛이 반사하여 비치다.
　　　② 다른 것에 영향을 받아 어떤 현상을 나타내다.

07 우리나라는 압록강과 두만강을 경계로 중국·러시아와 [   ]을/를 접하고 있다.

　　　나라와 나라의 영역을 가르는 경계.

08 [   ]들은 문신들의 횡포에 맞서기 위해 군사를 일으켰다.

　　　신하 가운데 무관인 사람.

09 집단 결혼은 원시 [   ] 사회에서 많이 행해졌다.

　① 아직 꽃이 피지 않음.
　② 토지 또는 어떤 분야가 개척되지 않음.
　③ 사회가 발전되지 않고 문화 수준이 낮은 상태.

10 북방의 오랑캐가 [   ]을/를 침략해 오자 왕은 그들을 토벌하라는 명을 내렸다.

　① 중심지에서 멀리 떨어진 가장자리 지역.
　② 나라의 경계가 되는 변두리의 땅.

▶ ○○에는 두꺼운 얼음이 얼어 추위와 굶주림을 견디기 어려운데, 병사들이 춥고 의지할 곳이 없으니 두려운 마음이 생기기 쉬울 것이다.
－ 국어 1-2

11 외딴섬으로 [   ]을/를 간 선비는 유배지에서 남은 생을 외롭게 보냈다.

고려·조선 시대에, 죄인을 먼 시골이나 섬으로 보내어 일정한 기간 동안 제한된 곳에서만 살게 하던 형벌.

12 그 사또는 백성들의 재물을 [   ] 탐관오리이다.

계급 사회에서 생산 수단을 소유한 사람이 생산 수단을 갖지 않은 직접 생산자로부터 그 노동의 성과를 무상으로 취득하다.

▶ 백성은 추호도 범하지 않고 각 읍 수령이 백성들을 들볶아 ○○한 재물만 빼앗았을 뿐입니다.
－ 허균, 〈홍길동전〉

13 [   ]이/가 계속 발전함에 따라 인간의 삶은 편안하고 윤택해졌다.

인류가 이룩한 물질적, 기술적, 사회 구조적인 발전.

14 역사에서 세계의 강대국으로 [   ] 국가치고 전쟁에 적극 뛰어들지 않은 나라는 없었다.

　① 임금으로서 나라를 거느려 다스리다.
　② (비유적으로) 어떤 분야에서 절대적인 세력을 가지고 남을 압도하다.

15 조선 시대에 화가들은 [   ](으)로 분류되어 양반들로부터 멸시를 받기도 하였다.

조선 시대에, 양반과 평민의 중간에 있던 신분 계급.

양반
중인
평민
천민

❶ 조선 시대 신분 제도

16 사신들은 중국으로 떠나기 전에 임금을 [   ].

지체가 높고 귀한 사람을 찾아가 뵈다.

· 맞힌 개수 (   ) / 16문항

12개 이상	다음 회차로 넘어가도 되겠어요!
8개 ~11개	[문맥으로 소화하기] 한 번만 더 읽고 갈까요?
7개 이하	전체를 복습하고 넘어가야겠어요.

교재 78~89쪽에서 공부한 어휘를 문제로 확인해 보세요.

[01~02] 다음 밑줄 친 말과 바꿔 쓰기에 가장 적절한 것을 고르시오.

01 한글의 보급으로 서민 문학이 본격화되어, 문화와 예술이 <u>왕성하게 퍼져</u> 나갔다.
① 번성하였다.　　　② 번민하였다.　　　③ 번복하였다.　　　④ 번잡하였다.　　　⑤ 무성하였다.

02 복받치는 설움을 <u>스스로 다스릴</u> 길이 없었다.
① 자각할　　　② 자극할　　　③ 자제할　　　④ 자만할　　　⑤ 억제할

[03~05] 다음 문장의 괄호 안에 들어갈 알맞은 단어와 그 단어의 뜻을 〈보기 1〉과 〈보기 2〉에서 찾아 그 기호를 쓰시오.

●보기 1●
　　　ㄱ 선입견　　　ㄴ 선진국　　　ㄷ 이타적　　　ㄹ 잠재적

●보기 2●
ⓐ 다른 나라보다 정치·경제·문화 따위의 발달이 앞선 나라.
ⓑ 겉으로 드러나지 않고 숨은 상태로 존재하는 것. 또는 그런 것.
ⓒ 자기의 이익보다는 다른 이의 이익을 더 꾀하는. 또는 그런 것.
ⓓ 어떤 대상에 대하여 이미 마음속에 가지고 있는 고정적인 관념이나 관점.

03 그 친구의 (　　　)인 행동은 친구들에게 좋은 본보기가 되었다.　➡ (　　　)

04 우리나라는 일 인당 국민 소득 수준이 높아지면서 (　　　) 대열에 들어섰다.　➡ (　　　)

05 어머니께서는 사람을 대할 때에는 (　　　)와/과 편견을 버리고 다가가라고 말씀하셨다.　➡ (　　　)

[06~08] 다음 뜻에 해당하는 단어를 찾아 바르게 연결하시오.

06 어머니 쪽의 친척.　　　•　　　　　　　　　　　　　• ㄱ 외척

07 그 지역에 본디부터 살고 있는 사람들.　　　•　　　　　　　• ㄴ 천민

08 조선 시대에, 천한 일에 종사하던 가장 낮은 계급의 백성.　•　　　• ㄷ 원주민

[09~10] 다음 문장의 괄호 안에 들어갈 알맞은 단어를 고르시오.

09 언론의 (   )인 보도로 피해를 입은 회사가 소송을 제기했다.

① 가시적　　　　② 가변적　　　　③ 우호적　　　　④ 편파적　　　　⑤ 협력적

10 우리 사회에는 학벌 지상주의가 (   ) 자기 자식을 무조건 좋은 대학에 보내려 한다.

① 만연해　　　　② 만발해　　　　③ 만개해　　　　④ 밀접해　　　　⑤ 밀집해

11 괄호 안에 공통으로 들어갈 단어로 알맞은 것은?

> • 달빛이 강물에 (   ) 아름답게 반짝인다.
> • 글의 내용, 표현, 쓰기 태도를 (   ) 최종 평가를 합니다.

① 왜곡하여　　　　② 통용하여　　　　③ 통칭하여　　　　④ 반사하여　　　　⑤ 반영하여

[12~15] 사다리타기에 따라, 빈칸에 들어갈 설명 방법의 예시를 〈보기〉에서 골라 그 기호를 쓰시오.

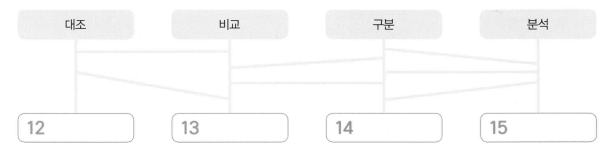

| 대조 | 비교 | 구분 | 분석 |

| 12 | 13 | 14 | 15 |

◈ 보기 ◈
> ㉠ 거문고는 줄이 6개인데 반해, 가야금은 12개이다.
> ㉡ 한옥의 구들은 아궁이, 고래, 굴뚝으로 이루어져 있다.
> ㉢ 거문고와 가야금은 모두 현을 타서 소리를 내는 현악기이다.
> ㉣ 악기는 소리 내는 방법에 따라 현악기, 관악기, 타악기 등으로 나눌 수 있다.

아래에서 가운데에 풀이된 뜻에 해당하는 어휘를 골라 ○표 하세요.

① 용역 | 사람이 바라는 바를 충족시켜 주는 모든 물건. | 재화

② 자본 | 상품을 만드는 데 필요한 생산 수단이나 노동력을 통틀어 이르는 말. | 자산

③ 분담 | 생산 과정에 참여한 개개인이 생산물을 사회적 법칙에 따라서 나누는 일. | 분배

④ 원조 | 자금이나 물자 등을 대어 줌. | 조달

⑤ 무역 | 상품이 생산자에게서 소비자에게 이르기까지 여러 단계에서 거래되는 활동. | 유통

⑥ 도매 | 물건을 낱개로 팔지 않고 여러 개를 한꺼번에 파는 것. | 소매

⑦ 무상 | 어떤 행위에 대하여 아무런 대가나 보상이 없음. | 유상

8 | 가계 | 경제 단위로서의 '가정'을 이르는 말. | 생계

9 | 납부 | 세금이나 공과금 등을 관계 기관에 냄. | 체납

10 | 납세 | 세금을 낼 의무가 있는 사람이 세금의 전부 또는 일부를 내지 않는 일. | 탈세

11 | 누진세 | 과세 대상의 수량이나 값이 증가함에 따라 점점 높은 세율을 적용하는 세금. | 비례세

12 | 산출하다 | 짐작으로 미루어 셈하다. | 추산하다

13 | 실업 | 일할 생각과 능력이 있는 사람이 일자리를 잃거나 일할 기회를 얻지 못하는 상태. | 취업

14 | 시세 | 어떤 현상이 일정한 방향으로 나아가는 경향. | 추세

12

2단계
꼼꼼히 확인하기

경제

1 **용역** 쓸 용 用, 부릴 역 役

물질적 재화의 형태를 취하지 않고 생산과 소비에 필요한 노동력을 제공하는 일.

ㅈ ㅎ 재물 재 財, 재화 화 貨

사람이 바라는 바를 충족시켜 주는 모든 물건.

2 **ㅈ ㅂ** 재물 자 資, 근본 본 本

상품을 만드는 데 필요한 생산 수단이나 노동력을 통틀어 이르는 말.

자산 재물 자 資, 재산 산 産

개인이나 법인이 소유하고 있는 경제적 가치가 있는 유형·무형의 재산.

3 **분담** 나눌 분 分, 맡을 담 擔

나누어서 맡음.

🟪 분장(分掌): 일이나 임무를 나누어 맡아 처리함.
🟦 전담(全擔): 어떤 일이나 비용의 전부를 도맡아 하거나 부담함.

ㅂ ㅂ 나눌 분 分, 나눌 배 配

생산 과정에 참여한 개개인이 생산물을 사회적 법칙에 따라서 나누는 일.

😊 노동에 대한 임금, 토지에 대한 지대(地代), 자본에 대한 이자 등의 형태로 분배가 이루어져.

4 **ㅇ ㅈ** 도울 원 援, 도울 조 助

물품이나 돈 등으로 도와줌.

조달 고를 조 調, 전할 달 達

자금이나 물자 등을 대어 줌.

5 **ㅁ ㅇ** 바꿀 무 貿, 바꿀 역 易

나라와 나라 사이에 서로 물품을 사고파는 일.

유통 흐를 유 流, 통할 통 通

상품이 생산자에게서 소비자에게 이르기까지 여러 단계에서 거래되는 활동.

6 **도매** 모두 도 都, 팔 매 賣

물건을 낱개로 팔지 않고 여러 개를 한꺼번에 파는 것.

😊 같은 '도매'이지만 '팔 매(賣)' 대신 '살 매(買)'를 쓰면 '물건을 낱개로 사지 않고 여러 개를 한꺼번에 사는 것.'을 의미해.

ㅅ ㅁ 작을 소 小, 팔 매 賣

물건을 생산자나 도매상에게서 사들여 직접 소비자에게 파는 것.

7 **무상** 없을 무 無, 갚을 상 償

어떤 행위에 대하여 아무런 대가나 보상이 없음.

◀▶ **ㅇ ㅅ** 있을 유 有, 갚을 상 償

어떤 행위에 대하여 보상이 있음.

8 **가계** 집 가 家, 셀 계 計

경제 단위로서의 '가정'을 이르는 말.

😊 '가계에 보탬이 되다.'와 같은 문장에서는 '집안 살림을 꾸려 나가는 방도나 형편.'의 의미로 쓰인 거야.

ㅅ ㄱ 살 생 生, 셀 계 計

살림을 살아 나갈 방도. 또는 현재 살림을 살아가고 있는 형편.

참 살길: 살아가기 위한 방도.

9 **납부** 들일 납 納, 줄 부 付

세금이나 공과금 등을 관계 기관에 냄.

😊 반대되는 뜻을 가진 단어로 사전에서는 '불납(不納)'을 제시하고 있지만, 실생활에서는 '미납(未納, 내야 할 것을 아직 내지 않았거나 내지 못함)'을 많이 써.

ㅊ ㄴ 막힐 체 滯, 들일 납 納

세금 등을 기한까지 내지 못하여 밀림.

유 체불(滯拂): 마땅히 지급하여야 할 것을 지급하지 못하고 미룸.

10 **ㄴ ㅅ** 들일 납 納, 세금 세 稅

세금을 냄.

반 징세(徵稅): 세금을 거두어들임.

탈세 벗을 탈 脫, 세금 세 稅

세금을 낼 의무가 있는 사람이 세금의 전부 또는 일부를 내지 않는 일.

참 포탈(逋脫): 과세를 피하여 면함.

11 **ㄴ ㅈ ㅅ** 거듭할 누 累, 더할 진 進, 세금 세 稅

과세 대상의 수량이나 값이 증가함에 따라 점점 높은 세율을 적용하는 세금. 소득세, 법인세, 상속세 등.

참 역진세(逆進稅): 과세 물건의 수량 또는 금액이 증가함에 따라 세율이 낮아지는 조세.

비례세 견줄 비 比, 규칙 례 例, 세금 세 稅

모든 과세 대상의 크기에 관계없이 같은 세율로 매기는 세.

12 **ㅅ ㅊ** 하다 계산 산 算, 날 출 出

계산하여 내다.

추산하다 추측할 추 推, 계산 산 算

짐작으로 미루어 셈하다.

13 **실업** 잃을 실 失, 업 업 業

일할 생각과 능력이 있는 사람이 일자리를 잃거나 일할 기회를 얻지 못하는 상태.

ㅊ ㅇ 나아갈 취 就, 업 업 業

일정한 직업을 잡아 직장에 나감. =취직.

14 **시세** 때 시 時, 기세 세 勢

일정한 시기의 물건값. =시가.

ㅊ ㅅ 달릴 추 趨, 기세 세 勢

어떤 현상이 일정한 방향으로 나아가는 경향.

빈칸 답 ❶재화 ❷자본 ❸분배 ❹원조 ❺무역 ❻소매 ❼유상 ❽생계 ❾체납 ❿납세 ⓫누진세 ⓬산출 ⓭취업 ⓮추세 아래에서 빈칸에 알맞은 어휘를 <보기>에서 찾아 문맥에 맞게 쓰세요.

경제

┌─ 보기 ─┐

가계	납세	도매	무상	무역	분배	생계
실업	용역	원조	유통	자본	재화	조달
체납	추세	취업	탈세	누진세	산출하다	추산하다

01 부품 [   ]이/가 제대로 이루어지지 않아 공장은 휴업에 들어갔다.

　　자금이나 물자 따위를 대어 줌.

02 직원들의 임금은 성과에 따라 적절하게 [   ]이/가 되었다.

　　① 몫몫이 별러 나눔.
　　② 생산 과정에 참여한 개개인이 생산물을 사회적 법칙에 따라서 나누는 일.

03 일자리를 구하지 못한 청년의 수가 매년 늘어 청년 [   ]이/가 심각한 수준이다.

　　① 생업을 잃음.
　　② 일할 의사와 노동력이 있는 사람이 일자리를 잃거나
　　　일할 기회를 얻지 못하는 상태.

04 그 집은 전기 요금 [   ](으)로 전기가 끊긴 지 오래되었다.

　　세금 따위를 기한까지 내지 못하여 밀림.

05 우리 정부는 식량난에 시달리는 국가에 대해 식량 [   ]을/를 제공할 예정이다.

　　물품이나 돈 따위로 도와줌.

06 화폐가 없었을 때에는 [   ]을/를 교환함으로써 경제가 이루어졌다.

　　사람이 바라는 바를 충족시켜 주는 모든 물건.

07 원가를 정확하게 [   ] 것이 우선적인 과제이다.

　　계산하여 내다.

▶ 한 나라 국민이 겪는 경제적 고통의 정도를 보여 주는 지표가 있다. 실업률과 물가 상승률을 바탕으로 ○○되는 '체감 경제 고통 지수'가 그것인데, 지수가 높을수록 경제적 고통이 심하다는 뜻이다.

– 국어 2-1

08 싱싱한 채소들이 농산물 [   ] 시장에서 대량으로 거래되고 있다.

　　물건을 낱개로 팔지 않고 모개로 팖.

09 　　　　　 단계를 줄이면 신선한 식품을 더욱 합리적인 가격에 제공할 수 있다.

　① 공기 따위가 막힘이 없이 흘러 통함.
　② 화폐나 물품 따위가 세상에서 널리 쓰임.
　③ 상품 따위가 생산자에서 소비자, 수요자에 도달하기까지 여러 단계에서 교환되고 분배되는 활동.

생산자　　소비자

10 정부가 경제적 불평등을 완화하기 위해 재산세에 대한 　　　　　 을/를 강화하였다.

　　　　　 과세 대상의 수량이나 값이 증가함에 따라 점점 높은 세율을 적용하는 세금.

11 경기 불황이 오랜 기간 지속되면서 　　　　　 의 빚이 늘고 있다.

　　① 한집안 살림의 수입과 지출의 상태.
　　② 집안 살림을 꾸려 나가는 방도나 형편.
　　③ 소비의 주체로 '가정'을 이르는 말.

12 모든 국민은 납세의 의무가 있으나 이를 저버리고 　　　　　 을/를 일삼는 이들이 있다.

　　　　　 납세자가 납세액의 전부 또는 일부를 내지 않는 일.

13 회사는 내년도 매출액이 올해보다 늘어날 것으로 　　　　　 있다.

　　　　　 짐작으로 미루어 셈하다.

14 이 백화점에서는 가까운 지역에 한해 배송 서비스를 　　　　　 (으)로 제공하고 있다.

　　　　　 어떤 행위에 대하여 아무런 대가나 보상이 없음.

15 집값 상승 　　　　　 이/가 계속되면서 서민들의 내 집 마련이 점점 어려워지고 있다.

　　① 어떤 현상이 일정한 방향으로 나아가는 경향.
　　② 어떤 세력이나 세력 있는 사람을 붙좇아서 따름.

▶ 2008년 이후 금융 위기의 여파로 세계 경제 성장률이 마이너스로 돌아섰을 때에도 공정 무역 매출액은 증가 ○○를 보였다.
　　　　　　　　　　　　　－ 국어 2-1

16 도로나 항만, 철도 등을 사회 간접 　　　　　 (이)라고 한다.

　　① 장사나 사업 따위의 기본이 되는 돈.
　　② 상품을 만드는 데 필요한 생산 수단이나 노동력을 통틀어 이르는 말.

• 맞힌 개수 (　　　) / 16문항

12개 이상	다음 회차로 넘어가도 되겠어요!
8개 ~ 11개	[문맥으로 소화하기] 한 번만 더 읽고 갈까요?
7개 이하	전체를 복습하고 넘어가야겠어요.

① 개발 | 새로운 물건을 만들거나
새로운 생각을 내어놓음. | 계발

② 개선하다 | 연구하여 새로운 안을 생각해 내다. | 고안하다

③ 단열 | 물체와 물체 사이에
열이 서로 통하지 않도록 막음. | 보온

④ 배기 | 안에 있거나 고여 있는 물을
밖으로 퍼내거나 다른 곳으로 내보냄. | 배수

⑤ 가상 현실 | 현실세계에 가상의 사물이나 환경을
덧입혀서 보여 주는 기술. | 증강 현실

⑥ 인공적 | 사람의 힘으로 만든. 또는 그런 것. | 자연적

⑦ 견인력 | 물체를 밀어 앞으로 내보내는 힘. | 추진력

⑧ 조소 — 여러 가지 선이나 색채로
평면상에 형상을 그려 내는 조형 미술. — 회화

⑨ 유화 — 서양화에서, 물감을 기름에 개어 그리는 그림. — 수채화

⑩ 구도 — 그림에서 모양, 색깔, 위치 등의 짜임새. — 명암

⑪ 기교 — 기술이나 솜씨가 아주 교묘함.
또는 그런 기술이나 솜씨. — 기법

⑫ 걸작 — 시, 소설, 그림 등을 연습 삼아 짓거나 그려 봄.
또는 그런 작품. — 습작

⑬ 경향 — 현상이나 사상, 행동 등이
어떤 방향으로 기울어짐. — 반향

⑭ 사조 — 한 시대의 일반적인 사상의 흐름. — 유파

13 **2단계**
꼼꼼히 확인하기
1단계 퀴즈의 정답은 아래에서 **초록색으로** 표시했습니다.
오답의 어휘와 뜻풀이까지 꼼꼼하게 확인해 보세요.

기술, 예술

1 **개발** 열 개 開, 필 발 發

새로운 물건을 만들거나 새로운 생각을 내어놓음.

☺ '계발'은 '재능, 사상'과 같이 인간의 속성을 가리키는 말들에 국한되어 어울리지만, '개발'은 '지식, 재능' 등의 단어와도 어울리고, '기술, 경제, 제품' 등 물질적인 것을 가리키는 말들과도 어울려, '개발'이 의미의 폭이 넓은 것이지.

ㄱ ㅂ 열 계 啓, 필 발 發

슬기나 재능, 사상 등을 일깨워 줌.

㊀ 개발(開發): 지식이나 재능 등을 발달하게 함.

2 **ㄱ ㅅ 하다** 고칠 개 改, 좋을 선 善

잘못된 것이나 부족한 것, 나쁜 것 등을 고쳐 더 좋게 만들다.

㉝ 개악(改惡)하다: 고치어 도리어 나빠지게 하다.

고안하다 생각할 고 考, 생각 안 案

연구하여 새로운 안을 생각해 내다.

3 **ㄷ ㅇ** 끊을 단 斷, 더울 열 熱

물체와 물체 사이에 열이 서로 통하지 않도록 막음.

보온 지킬 보 保, 따뜻할 온 溫

주위의 온도에 관계없이 일정한 온도를 유지함.

㉑ 보랭(保冷): 주위의 온도에 관계없이 시원한 온도를 유지함.

4 **ㅂ ㄱ** 밀어낼 배 排, 공기 기 氣

속에 든 공기, 가스, 증기 등을 밖으로 뽑아 버림.

㉝ 흡기(吸氣): 기체를 빨아들임.

배수 밀어낼 배 排, 물 수 水

안에 있거나 고여 있는 물을 밖으로 퍼내거나 다른 곳으로 내보냄.

5 **ㄱ ㅅ 현실** 거짓 가 假, 생각 상 想, 나타날 현 現, 본질 실 實

현실이 아닌데도 실제처럼 생각하고 보이게 하는 현실.

☺ 가상 현실은 VR(Virtual Reality), 증강 현실은 AR(Augmented Reality)이라고 해.

증강 현실 더할 증 增, 강할 강 強, 나타날 현 現, 본질 실 實

현실세계에 가상의 사물이나 환경을 덧입혀서 보여 주는 기술.

6 **ㅇ ㄱ ㅈ** 사람 인 人, 장인 공 工, 어조사 적 的

사람의 힘으로 만든. 또는 그런 것.

㊀ 인위적(人爲的): 자연의 힘이 아닌 사람의 힘으로 이루어지는. 또는 그런 것.

자연적 스스로 자 自, 그러할 연 然, 어조사 적 的

사람의 손길이 가지 않은 자연 그대로의 모습을 지닌. 또는 그런 것.

7 **견인력** 끌 견 牽, 끌 인 引, 힘 력 力

어떠한 사물을 끌어서 당기는 힘.

ㅊ ㅈ ㄹ 밀 추 推, 나아갈 진 進, 힘 력 力

물체를 밀어 앞으로 내보내는 힘.

8 ㅈ ㅅ   새길 조 彫, 흙 빚을 소 塑

재료를 깎고 새기거나 빚어서 입체 형상을 만듦. 또는 그런 미술.

😊 '조소'는 새기거나 깎아서 만드는 '조각'과, 빚거나 덧붙여 만드는 '소조'를 아울러 이르는 말이야.

회화   그림 회 繪, 그림 화 畫

여러 가지 선이나 색채로 평면상에 형상을 그려 내는 조형 미술.

😊 '조형 미술'은 각종 재료를 사용하여 공간에 형태를 만드는 예술이야. 회화, 조각, 건축 등이 있지.

9 **유화**   기름 유 油, 그림 화 畫

서양화에서, 물감을 기름에 개어 그리는 그림. 늑유채화.

ㅅ ㅊ ㅎ   물 수 水, 채색 채 彩, 그림 화 畫

서양화에서, 물감을 물에 풀어서 그린 그림.

10 ㄱ ㄷ   얽을 구 構, 그림 도 圖

그림에서 모양, 색깔, 위치 등의 짜임새.

명암   밝을 명 明, 어두울 암 暗

회화에서, 색의 농담이나 밝기의 정도를 이르는 말.

😊 '명암'은 회화의 조형 요소 중 하나야. 참고로 회화의 조형 요소에는 점, 선, 면, 형태, 명암, 색, 공간감, 질감, 양감 등이 있어.

11 **기교**   재주 기 技, 교묘할 교 巧

기술이나 솜씨가 아주 교묘함. 또는 그런 기술이나 솜씨.

ㄱ ㅂ   재주 기 技, 방법 법 法

기교를 나타내는 방법.

12 ㄱ ㅈ   뛰어날 걸 傑, 지을 작 作

매우 훌륭한 작품.

유 명작(名作): 이름난 훌륭한 작품.
반 졸작(拙作): 솜씨가 서투르고 보잘것없는 작품.

습작   익힐 습 習, 지을 작 作

시, 소설, 그림 등을 연습 삼아 짓거나 그려 봄. 또는 그런 작품.

13 ㄱ ㅎ   기울 경 傾, 향할 향 向

현상이나 사상, 행동 등이 어떤 방향으로 기울어짐.

유 동향(動向): 사람들의 사고, 사상, 활동이나 일의 형세 등이 움직여 가는 방향.

반향   돌이킬 반 反, 울릴 향 響

어떤 사건이나 발표 등이 세상에 영향을 미치어 일어나는 반응.

14 ㅅ ㅈ   생각 사 思, 흐름 조 潮

한 시대의 일반적인 사상의 흐름.

유파   흐를 유 流, 갈래 파 派

주로 학계나 예술계에서, 생각이나 방법 경향이 비슷한 사람이 모여서 이룬 무리.

빈칸 답 ❶계발 ❷개선 ❸단열 ❹배기 ❺가상 ❻인공적 ❼추진력 ❽조소 ❾수채화 ❿구도 ⓫기법 ⓬걸작 ⓭경향 ⓮사조

문맥으로 소화하기

기술, 예술

아래에서 빈칸에 알맞은 어휘를 <보기>에서 찾아 문맥에 맞게 쓰세요.

보기

개발	경향	계발	구도	기법	단열	반향
배수	사조	습작	유파	유화	조소	회화
견인력	수채화	인공적	추진력	개선하다	고안하다	가상 현실

01 ［　　　　　　］이/가 잘되게 집을 지으면 난방비를 아낄 수 있다.

물체와 물체 사이에 열이 서로 통하지 않도록 막음. 또는 그렇게 하는 일.

02 새로운 항공기에는 기존의 것보다 ［　　　　　　］이/가 더욱 강한 엔진이 사용되었다.

① 물체를 밀어 앞으로 내보내는 힘.
② 목표를 향하여 밀고 나아가는 힘.

▶ 이 소용돌이는 ○○○이 있어서 빠르고 힘차게 섞빙고 내부 깊은 곳까지 밀고 들어간다.
– 국어 1-1

03 드라이아이스를 구름 속에 뿌려 ［　　　　　　］(으)로 비가 내리게 할 수 있다.

사람의 힘으로 만든. 또는 그런 것.

04 A 사는 통화 품질을 ［　　　　　　］ 무선 이어폰을 하반기에 출시할 예정이라고 밝혔다.

잘못된 것이나 부족한 것, 나쁜 것 따위를 고쳐 더 좋게 만들다.

05 우리 회사의 연구 팀은 신제품 ［　　　　　　］에 힘쓰고 있다.

① 토지나 천연자원 따위를 유용하게 만듦. ② 지식이나 재능 따위를 발달하게 함.
③ 산업이나 경제 따위를 발전하게 함. ④ 새로운 물건을 만들거나 새로운 생각을 내어놓음.

06 장마철이 되기 전에 미리 ［　　　　　　］ 시설을 정비해 놓는 것이 좋다.

안에 있거나 고여 있는 물을 밖으로 퍼내거나 다른 곳으로 내보냄.

07 그는 무거운 물건을 옮길 쉽고 편리한 방법을 ［　　　　　　］.

연구하여 새로운 안을 생각해 내다.

08 ［　　　　　　］을/를 통해 실제로 우주선을 조종하는 듯한 체험을 할 수 있다.

현실이 아닌데도 실제처럼 생각하고 보이게 하는 현실.

우아, 실제처럼 생생해!

09 다빈치의 〈최후의 만찬〉에는 좌우 대칭 [   ]이/가 나타난다.

그림에서 모양, 색깔, 위치 따위의 짜임새.

▲ 레오나르도 다빈치,
〈최후의 만찬〉

10 이미 문학상을 수차례나 수상한 그녀의 [   ] 소설이 공개되어 화제를 모았다.

시, 소설, 그림 따위의 작법이나 기법을 익히기 위하여 연습 삼아 짓거나 그려 봄. 또는 그런 작품.

11 김 감독은 새로운 영상 [   ]을/를 활용해 환상적인 분위기를 자아냈다.

① 기교와 방법을 아울러 이르는 말.
② 기교를 나타내는 방법.

12 [   ]은/는 재료의 특성상 캔버스에 그리는 것이 일반적이다.

서양화에서, 물감을 기름에 개어 그리는 그림.

13 이 책은 시대별로 유행했던 문예 [   ]을/를 자세히 설명해 주고 있다.

한 시대의 일반적인 사상의 흐름.

▶ 그 전에는 추상 표현주의라는 미술 ○○가 유행했는데 작품을 보고 이해하기가 아주 어려웠다고 해요.
— 국어 1-1

14 근대 [   ]의 아버지라 불리는 마네의 그림은 풍부하고 화려한 색채가 특징적이다.

여러 가지 선이나 색채로 평면상에 형상을 그려 내는 조형 미술.

15 고전파, 야수파, 인상파 등 각각의 [   ]은/는 기법에서 분명한 차이를 보인다.

주로 학계나 예술계에서, 생각이나 방법 경향이 비슷한 사람이 모여서 이룬 무리.

16 최근 들어 패션의 복고주의 [   ]이/가 뚜렷하다.

현상이나 사상, 행동 따위가 어떤 방향으로 기울어짐.

▶ 그래프에는 여러 가지 선이 들어 있다. 이 선들은 어떤 ○○을 보여 주는 데 매우 유용하다.
— 국어 2-2

• 맞힌 개수 (   ) / 16문항

12개 이상	다음 회차로 넘어가도 되겠어요!
8개 ~ 11개	[문맥으로 소화하기] 한 번만 더 읽고 갈까요?
7개 이하	전체를 복습하고 넘어가야겠어요.

[01~03] 다음 문장의 괄호 안에 들어갈 알맞은 단어를 고르시오.

01 이 제품은 품질 보증 기간이 지났기 때문에 (무상 / 유상)으로 수리하셔야 합니다.

02 계속되는 경기 불황으로 기업들이 신규 채용을 줄이면서 (실업 / 취업)이 더욱 힘들어졌다.

03 해마다 (가계 / 생계) 대출이 증가하는 것은 먹고살기가 점점 팍팍해지고 있음을 보여 준다.

[04~06] 다음 문장의 괄호 안에 들어갈 알맞은 단어와 그 단어의 뜻을 〈보기 1〉과 〈보기 2〉에서 찾아 그 기호를 쓰시오.

● 보기 1 ●

| ㉠ 무역 | ㉡ 용역 | ㉢ 유통 | ㉣ 재화 |

● 보기 2 ●

ⓐ 사람이 바라는 바를 충족시켜 주는 모든 물건.
ⓑ 나라와 나라 사이에 서로 물품을 매매하는 일.
ⓒ 물질적 재화의 형태를 취하지 아니하고 생산과 소비에 필요한 노무를 제공하는 일.
ⓓ 상품 따위가 생산자에서 소비자, 수요자에 도달하기까지 여러 단계에서 교환되고 분배되는 활동.

04 신제품이 나오면 생산과 (   )에 드는 비용을 고려해서 가격을 책정한다. ➡ (   )

05 건물 전체를 청소하기 위해서 청소를 전문적으로 해 주는 회사에 (   )을/를 의뢰했다. ➡ (   )

06 A 국가가 B 국가에 추가로 관세를 부과하면서 양국 간 (   ) 마찰이 점차 심화되고 있다. ➡ (   )

07 제시된 뜻풀이를 참고하여 다음 십자말풀이를 완성하시오.

가로 열쇠

1. 과세 대상의 수량이나 값이 증가함에 따라 점점 높은 세율을 적용하는 세금.
2. 세금이나 공과금 따위를 관계 기관에 냄.
3. 물품이나 돈 따위로 도와줌.
5. 물건을 낱개로 팔지 않고 모개로 팖.
8. 계산하여 내다.

세로 열쇠

2. 세금을 냄.
4. 자금이나 물자 따위를 대어 줌.
6. 물건을 생산자나 도매상에게서 사들여 직접 소비자에게 팖.
7. 짐작으로 미루어 셈하다.

[08~10] 다음 밑줄 친 말과 바꿔 쓰기에 가장 적절한 것을 고르시오.

08 이것은 그가 몸이 불편한 어머니를 위해 생각해 낸 장치이다.
① 감안한   ② 고안한   ③ 입안한   ④ 제안한   ⑤ 착안한

09 국내 대학 연구 팀에서 세계 최초로 백신을 만드는 데 성공하였다.
① 개발하는   ② 계발하는   ③ 발견하는   ④ 발달하는   ⑤ 발전하는

10 현대 의학에서는 사람의 힘으로 만든 장비가 신체의 중요한 기능을 대체할 수 있게 되었다.
① 가공적인   ② 기술적인   ③ 실용적인   ④ 인공적인   ⑤ 현실적인

11 다음 ㉠~㉢에 들어갈 말을 순서대로 가장 적절하게 묶은 것은?

- 베토벤은 귀가 잘 들리지 않았음에도 수많은 (㉠)을 남겼다.
- 그 작품은 당시의 형식주의적 (㉡)에서 벗어나려는 새로운 움직임의 시작으로 평가받는다.
- 리얼리즘은 19세기 중엽 유럽에서 일어난 예술 (㉢)로, 현실을 있는 그대로 묘사하려고 하였다.

① 걸작 경향 사조   ② 걸작 경향 유파   ③ 걸작 반향 사조
④ 습작 경향 사조   ⑤ 습작 반향 유파

[12~15] 사다리타기에 따라, 빈칸에 들어갈 단어의 뜻을 〈보기〉에서 골라 그 기호를 쓰시오.

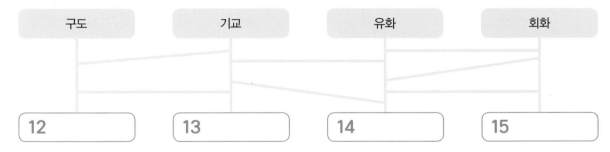

구도	기교	유화	회화
12	13	14	15

┌ 보기 ────────────────────────────
㉠ 그림에서 모양, 색깔, 위치 따위의 짜임새.
㉡ 서양화에서, 물감을 기름에 개어 그리는 그림.
㉢ 기술이나 솜씨가 아주 교묘함. 또는 그런 기술이나 솜씨.
㉣ 여러 가지 선이나 색채로 평면상에 형상을 그려 내는 조형 미술.
└──────────────────────────────────

14 1단계 **빠르게 체크하기**

생물

제한 시간: 3분

아래에서 가운데에 풀이된 뜻에 해당하는 어휘를 골라 ○표 하세요.

① 생리학적 | 신체의 조직이나 기능을 연구하는 학문에 관계되는. 또는 그런 것. | 생태학적

② 자극 | 생체에 작용하여 반응을 일으키게 하는 일. | 촉매

③ 억제 | 정도나 한도를 넘어서 나아가려는 것을 억눌러 그치게 함. | 촉진

④ 미생물 | 눈으로는 볼 수 없는 아주 작은 생물. | 유기물

⑤ 분해 | 한 종류의 화합물이 두 가지 이상의 간단한 화합물로 변화함. | 합성

⑥ 발효 | 효모나 세균 등의 미생물에 의해 유기물이 분해되고 변화하는 작용. | 숙성

⑦ 생식 | 생물이나 조직 세포 등이 세포 분열을 하여 그 수를 늘려 감. 또는 그런 현상. | 증식

너무 깊이 생각하지 말고,
빠르게 풀어 보자.

⑧ 부화 ⟶ 동물의 알 속에서 새끼가
껍데기를 깨고 밖으로 나옴. ⟵ 산란

⑨ 기생 ⟶ 저절로 나서 자람. ⟵ 자생

⑩ 진화 ⟶ 생물이 생명이 생긴 후부터
조금씩 발전해 가는 현상. ⟵ 퇴화

⑪ 배설 ⟶ 생물체가 영양소를 섭취한 후 생긴 노폐물을
몸 밖으로 내보내는 일. ⟵ 소화

⑫ 배변 ⟶ 오줌을 잘 나오게 함. ⟵ 이뇨

⑬ 신장 ⟶ 가슴안의 양쪽에 있는, 호흡을 하는 기관. ⟵ 허파

⑭ 융해 ⟶ 액체 등이 엉겨서 뭉쳐 딱딱하게 굳어짐. ⟵ 응고

14 **2단계**
꼼꼼히 **확인하기**

1단계 퀴즈의 정답은 아래에서 **초록색으로 표시**했습니다.
오답의 어휘와 뜻풀이까지 꼼꼼하게 확인해 보세요.

생물

① **생리학적**   날 생 生, 다스릴 리 理, 배울 학 學, 어조사 적 的

신체의 조직이나 기능을 연구하는 학문에 관계되는. 또는 그런 것.

⬛⬛⬛⬛ (ㅅ ㅌ ㅎ ㅈ)   날 생 生, 모양 태 態, 배울 학 學, 어조사 적 的

생물의 생활 상태, 생물과 환경과의 관계 등을 연구하는 학문에 관계되는. 또는 그런 것.

② ⬛⬛ (ㅈ ㄱ)   찌를 자 刺, 창 극 戟

생체에 작용하여 반응을 일으키게 하는 일. 또는 그런 작용의 요인.

😀 자극에는 반응이 따르는데, '반응'이란 '자극에 대응하여 어떤 현상이 일어남. 또는 그 현상.'을 의미해.

촉매   닿을 촉 觸, 매개 매 媒

자신은 변하지 않으면서 다른 물질의 반응 속도를 빠르게 하거나 늦추는 일. 또는 그런 물질.

③ **억제**   누를 억 抑, 억제할 제 制

정도나 한도를 넘어서 나아가려는 것을 억눌러 그치게 함.

⬛⬛ (ㅊ ㅈ)   재촉할 촉 促, 나아갈 진 進

다그쳐 빨리 나아가게 함.

④ ⬛⬛⬛ (ㅁ ㅅ ㅁ)   작을 미 微, 날 생 生, 만물 물 物

눈으로는 볼 수 없는 아주 작은 생물.

😀 보통 세균이나 효모 등을 이르는데, 바이러스를 포함하는 경우도 있어.

유기물   있을 유 有, 틀 기 機, 만물 물 物

생체를 이루며, 생체 안에서 생명력에 의하여 만들어지는 물질. ≒유기 물질.

참 무기물(無機物): 생명을 지니지 않은 물질을 통틀어 이르는 말. 물, 흙, 공기, 돌, 광물 등이 있음.

⑤ **분해**   나눌 분 分, 풀 해 解

한 종류의 화합물이 두 가지 이상의 간단한 화합물로 변화함. 또는 그런 반응.

⬛⬛ (ㅎ ㅅ)   합할 합 合, 이룰 성 成

둘 이상의 원소를 화합하여 화합물을 만들거나, 간단한 화합물에서 복잡한 화합물을 만듦. 또는 그런 일.

⑥ ⬛⬛ (ㅂ ㅎ)   술 괼 발 醱, 삭힐 효 酵

효모나 세균 등의 미생물에 의해 유기물이 분해되고 변화하는 작용.

😀 술, 된장, 간장, 치즈 등은 모두 발효를 통해 만든 식품이야.

숙성   익을 숙 熟, 이룰 성 成

효소나 미생물의 작용에 의하여 발효된 것이 잘 익음.

⑦ **생식**   낳을 생 生, 번성할 식 殖

생물이 자기와 닮은 개체를 만들어 종족을 유지함. 또는 그런 현상.

😀 암수의 두 배우자가 합일하여 이루어지는 유성 생식과, 암수 배우자의 융합 없이 이루어지는 무성 생식으로 나뉘어.

⬛⬛ (ㅈ ㅅ)   더할 증 增, 번성할 식 殖

생물이나 조직 세포 등이 세포 분열을 하여 그 수를 늘려 감. 또는 그런 현상.

8 **부화** 　알 깔 부 孵, 될 화 化

동물의 알 속에서 새끼가 껍데기를 깨고 밖으로 나옴. 또는 그렇게 되게 함. ≒알까기.

(ㅅ ㄹ) 　낳을 산 産, 알 란 卵

알을 낳음.

9 (ㄱ ㅅ) 　기댈 기 寄, 살 생 生

서로 다른 종류의 생물이 함께 생활하며, 한쪽이 이익을 얻고 다른 쪽이 해를 입고 있는 일. 또는 그런 생활 형태.

😊 다른 생물에 붙어서 영양소를 섭취하며 사는 생물을 '기생 생물', 기생 생물에게 영양을 공급하는 생물을 '숙주'라고 해.

자생 　스스로 자 自, 살 생 生

① 자기 자신의 힘으로 살아감.
② 저절로 나서 자람.

10 **진화** 　나아갈 진 進, 될 화 化

생물이 생명이 생긴 후부터 조금씩 발전해 가는 현상.

(ㅌ ㅎ) 　물러날 퇴 退, 될 화 化

생물체의 기관이나 조직의 형태가 단순하게 되고 크기가 줄어드는 등 진화나 발달 이전의 모습으로 변화함.

11 **배설** 　밀어낼 배 排, 샐 설 泄

생물체가 영양소를 섭취한 후 생긴 노폐물을 몸 밖으로 내보내는 일.

참 배출(排出): 동물이 섭취한 음식물을 소화하여 항문으로 내보내는 일.

(ㅅ ㅎ) 　사라질 소 消, 될 화 化

섭취한 음식물을 분해하여 영양분을 흡수하기 쉬운 형태로 변화시키는 일. 또는 그런 작용.

😊 '섭취-소화-배설'이 일련의 단계라고 할 수 있어. '섭취'는 '생물체가 양분 등을 몸속에 빨아들이는 일.'을 의미해.

12 (ㅂ ㅂ) 　밀어낼 배 排, 똥오줌 변 便

대변을 몸 밖으로 내보냄.

이뇨 　이로울 이 利, 오줌 뇨 尿

오줌을 잘 나오게 함.

13 (ㅅ ㅈ) 　콩팥 신 腎, 오장 장 臟

몸 안의 불필요한 물질을 몸 밖으로 내보내고 체액을 만들거나 그 양을 유지하는 일을 하는 내장 기관. =콩팥.

허파

가슴안의 양쪽에 있는, 원뿔을 반 자른 것과 비슷한 모양의 호흡을 하는 기관. ≒부아, 폐.

관 허파에 바람 들다: 실없이 행동하거나 지나치게 웃어 대다.

14 **융해** 　녹을 융 融, 풀 해 解

녹아 풀어짐. 또는 녹여서 풂.

↔ (ㅇ ㄱ) 　엉길 응 凝, 굳을 고 固

액체 등이 엉겨서 뭉쳐 딱딱하게 굳어짐.

빈칸 답 ❶생태학적 ❷자극 ❸촉진 ❹미생물 ❺합성 ❻발효 ❼증식 ❽산란 ❾기생 ❿퇴화 ⓫소화 ⓬배변 ⓭신장 ⓮응고

14 3단계 문맥으로 소화하기

아래에서 빈칸에 알맞은 어휘를 <보기>에서 찾아 문맥에 맞게 쓰세요.

생물

보기

기생	발효	배설	부화	분해	산란	생식
소화	억제	응고	이뇨	자극	자생	증식
진화	촉진	퇴화	허파	미생물	유기물	생리학적

01 청국장이나 치즈와 같은 ☐☐☐☐ 식품은 맛과 향이 독특해 호불호가 갈린다.

효모나 세균 따위의 미생물이 유기 화합물을 분해하여 알코올류, 유기산류, 이산화 탄소 따위를 생기게 하는 작용.

▶ 방귀와 똥 냄새가 심해지는 것은 음식물 찌꺼기가 큰창자와 곧창자에 머무르면서 함께 있는 세균에 의해 ○○가 되기 때문이다.
－국어 1-1

02 과학 시간에 현미경으로 ☐☐☐☐ 을/를 관찰하는 실험을 했다.

눈으로는 볼 수 없는 아주 작은 생물.

03 이 ☐☐☐☐ 생물은 숙주인 식물에 붙어서 자양분을 빼앗아 먹으며 산다.

① 서로 다른 종류의 생물이 함께 생활하며, 한쪽이 이익을 얻고 다른 쪽이 해를 입고 있는 일. 또는 그런 생활 형태.
② 스스로 생활하지 못하고 다른 사람을 의지하여 생활함.

04 수면에 대한 ☐☐☐☐ 연구가 성과를 내어 새로운 사실이 발견되었다.

신체의 조직이나 기능을 연구하는 학문에 관계되는. 또는 그런 것.

▶ 성향의 차이는 ○○○○인 차이와도 연관이 있다.
－ 국어 2-1

05 땀의 ☐☐☐☐ 은/는 우리 몸이 체온을 일정하게 유지하는 것을 돕는다.

① 안에서 밖으로 새어 나가게 함.
② 동물이 섭취한 영양소로부터 자신의 몸 안에 필요한 물질과 에너지를 얻은 후 생긴 노폐물을 콩팥이나 땀샘을 통해 밖으로 내보내는 일.

06 옥수수수염은 ☐☐☐☐ 작용을 해 끓여서 차로 마시면 부기를 빼는 데 도움이 된다.

오줌을 잘 나오게 함.

▶ 녹차가 ○○ 작용을 하여 약물이 몸 안에 머물러 있는 시간을 짧게 만들고 녹차의 성분과 약물의 성분이 결합해서 약효를 떨어뜨릴 수 있기 때문이다.
－ 국어 2-1

07 따뜻하고 습도가 높은 곳에서는 세균의 ☐☐☐☐ 이/가 일어나기 쉽다.

① 늘어서 많아짐. 또는 늘려서 많게 함.
② 생물이나 조직 세포 따위가 세포 분열을 하여 그 수를 늘려 감. 또는 그런 현상.

08 무정란과 달리 유정란은 ☐☐☐☐ 하여 새끼가 될 수 있다.

동물의 알 속에서 새끼가 껍데기를 깨고 밖으로 나옴. 또는 그렇게 되게 함.

09 생물은 생존하는 데에 유리한 방향으로 [   ]을/를 한다.

　① 일이나 사물 따위가 점점 발달하여 감.
　② 생물이 생명의 기원 이후부터 점진적으로 변해 가는 현상.

▶ 한 심리학 교수는 "간지럼을 태우면서 서로 유대감을 끈끈하게 하는 동시에, 취약한 부분의 방어를 학습하게 하는 것"으로 간지럼의 ○○를 설명했습니다.
　　　　　　　　　　　　　　　　－ 국어 2-1

10 거머리의 침샘에서 분비되는 히루딘은 혈액의 [   ]을/를 방해한다.

　액체 따위가 엉겨서 뭉쳐 딱딱하게 굳어짐.

11 속이 쓰려 위산의 분비를 [   ]하는 약을 먹었다.

　① 감정이나 욕망, 충동적 행동 따위를 내리눌러서 그치게 함.
　② 정도나 한도를 넘어서 나아가려는 것을 억눌러 그치게 함.

12 국립 공원은 희귀 [   ] 식물의 서식지 보전을 위해 새로운 대책을 마련하였다.

　① 자기 자신의 힘으로 살아감.
　② 저절로 나서 자람.

▶ 원산지가 우리 땅인 식물을 '○○ 식물'이라 하고, 다른 나라에서 들어온 식물을 '외래 식물'이라고 한다.
　　　　　　　　　　　　　　　　－ 국어 2-2

13 이 약은 알코올의 [   ]을/를 촉진하여 숙취 해소에 효과적이다.

　① 여러 부분이 결합되어 이루어진 것을 그 낱낱으로 나눔.
　② 한 종류의 화합물이 두 가지 이상의 간단한 화합물로 변화함. 또는 그런 반응.

14 올챙이는 아가미로 호흡하지만, 개구리가 되면 [   ]와/과 피부로 호흡한다.

　가슴안의 양쪽에 있는, 원뿔을 반 자른 것과 비슷한 모양의 호흡을 하는 기관.

▶ 고래는 비록 물속에 살지만, 엄연히 ○○로 숨을 쉬는 젖먹이 동물이다.
　　　　　　　　　　　　　　　　－ 국어 1-2

15 신경 세포에 [   ]을/를 주어 반응을 살펴보았으나, 어떠한 이상도 없었다.

　① 어떠한 작용을 주어 감각이나 마음에 반응이 일어나게 함. 또는 그런 작용을 하는 사물.
　② 생체에 작용하여 반응을 일으키게 하는 일. 또는 그런 작용의 요인.

▶ 가벼운 ○○이라도 문지르거나 긁는 반응을 해야 곤충이나 기생충같이 몸에 해로운 것을 일차적으로 막을 수 있기 때문입니다.
　　　　　　　　　　　　　　　　－ 국어 2-1

16 과식을 했더니 [   ]이/가 잘 안되어 속이 답답하다.

　① 섭취한 음식물을 분해하여 영양분을 흡수하기 쉬운 형태로 변화시키는 일. 또는 그런 작용.
　② 배운 지식이나 기술 따위를 충분히 익혀 자기 것으로 만듦을 비유적으로 이르는 말.
　③ 고유의 특성으로 인하여 다른 것의 특성을 잘 살려 줌을 비유적으로 이르는 말.
　④ 주어진 일을 해결하거나 처리함을 비유적으로 이르는 말.

• 맞힌 개수 (　　　) / 16문항

12개 이상	다음 회차로 넘어가도 되겠어요!
8개 ~11개	[문맥으로 소화하기] 한 번만 더 읽고 갈까요?
7개 이하	전체를 복습하고 넘어가야겠어요.

1 | 해양 | 바다의 밑바닥. | 해저

2 | 해류 | 일정한 방향과 속도로 이동하는 바닷물의 흐름. | 해일

3 | 급류 | 물이 빠른 속도로 흐름. 또는 그 물. | 한류

4 | 기단 | 일정한 지역에서 여러 해에 걸쳐 나타난 기온, 비, 눈, 바람 등의 평균 상태. | 기후

5 | 극지 | 남극과 북극을 중심으로 한 그 주변 지역. | 열대

6 | 유빙 | 물 위에 떠내려가는 얼음덩이. | 해빙

7 | 세정 | 오염된 물이나 땅 등이 저절로 깨끗해짐. | 자정

⑧ 지질   지각을 이루는 여러 가지 암석이나
지층의 성질 또는 상태.   지형

⑨ 침식   비, 하천, 빙하, 바람 등의
자연 현상이 지표를 깎는 일.   퇴적

⑩ 수역   육지와 면한 바다·강·호수 등의 물가.   연안

⑪ 마그마   지각을 구성하고 있는 단단한 물질.   암석

⑫ 매장   지하자원 등이 땅속에 묻히어 있음.   채굴

⑬ 분출하다   액체나 기체 상태의 물질이
솟구쳐서 뿜어져 나오다.   분화하다

⑭ 부유   물 위나 물속, 또는 공기 중에 떠다님.   침적

2단계
꼼꼼히 확인하기

1단계 퀴즈의 정답은 아래에서 **초록색으로 표시**했습니다.
오답의 어휘와 뜻풀이까지 꼼꼼하게 확인해 보세요.

지구 과학

1　ㅎ　ㅇ　　바다 해 海, 큰 바다 양 洋

넓고 큰 바다.

😊 지구 표면의 약 70%를 차지하는 수권(水圈)으로, 태평양·대서양·인도양 등을 통틀어 이르는 말이야.

해저　바다 해 海, 밑 저 底

바다의 밑바닥.

2　**해류**　바다 해 海, 흐를 류 流

일정한 방향과 속도로 이동하는 바닷물의 흐름.

ㅎ　ㅇ　　바다 해 海, 넘칠 일 溢

해저의 지각 변동이나 해상의 기상 변화에 의하여 갑자기 바닷물이 크게 일어서 육지로 넘쳐 들어오는 것.

3　**급류**　급할 급 急, 흐를 류 流

물이 빠른 속도로 흐름. 또는 그 물.

😊 어떤 현상이나 사회의 급작스러운 변화를 비유적으로 이르는 말이기도 해.

ㅎ　ㄹ　　찰 한 寒, 흐를 류 流

온도가 비교적 낮은 해류.

참 난류(暖流): 적도 부근의 저위도 지역에서 고위도 지역으로 흐르는 따뜻한 해류.

4　**기단**　공기 기 氣, 덩어리 단 團

넓은 지역에 걸쳐 있는, 수평 방향으로 거의 같은 성질을 가진 공기 덩어리.

ㄱ　ㅎ　　공기 기 氣, 기후 후 候

일정한 지역에서 여러 해에 걸쳐 나타난 기온, 비, 눈, 바람 등의 평균 상태.

5　**극지**　한계 극 極, 땅 지 地

남극과 북극을 중심으로 한 그 주변 지역. =극지방.

ㅇ　ㄷ　　더울 열 熱, 띠 대 帶

적도를 중심으로 남북 회귀선 사이에 있는 지대.

😊 연평균 기온이 20℃ 이상 또는 최한월 평균 기온이 18℃ 이상인 지역으로, 연중 기온이 높고 강우량이 많은 것이 특징이야.

6　**유빙**　흐를 유 流, 얼음 빙 氷

물 위에 떠내려가는 얼음덩이. =성엣장.

ㅎ　ㅂ　　바다 해 海, 얼음 빙 氷

바닷물이 얼어서 생긴 얼음.

7　**세정**　씻을 세 洗, 깨끗할 정 淨

씻어서 깨끗이 함.

유 세척(洗滌): 깨끗이 씻음.

ㅈ　ㅈ　　스스로 자 自, 깨끗할 정 淨

오염된 물이나 땅 등이 물리학적·화학적·생물학적 작용으로 저절로 깨끗해짐. 늑자연정화.

😊 비리 등으로 부패된 조직이 어떤 조치를 함으로써 스스로를 정화(淨化)함을 비유적으로 이르는 말이기도 해.

8 **지질** 땅 지 地, 바탕 질 質

지각을 이루는 여러 가지 암석이나 지층의 성질 또는 상태.

(ㅈ)(ㅎ) 땅 지 地, 모양 형 形

땅의 생긴 모양이나 형세. 늑지세.

9 **침식** 잠길 침 浸, 갉아먹을 식 蝕

비, 하천, 빙하, 바람 등의 자연 현상이 지표를 깎는 일.

😊 침식, 풍화, 퇴적에 의해 지형이 만들어져. '풍화'는 '지표를 구성하는 암석이 햇빛, 공기, 물, 생물 등의 작용으로 점차로 파괴되거나 분해되는 일.'을 의미해.

(ㅌ)(ㅈ) 흙무더기 퇴 堆, 쌓을 적 積

암석의 파편이나 생물의 유해(遺骸) 등이 물이나 빙하, 바람 등의 작용으로 운반되어 일정한 곳에 쌓이는 일.

10 (ㅅ)(ㅇ) 물 수 水, 구역 역 域

수면의 일정한 구역.

연안 따를 연 沿, 언덕 안 岸

① 강이나 호수, 바다를 따라 잇닿아 있는 육지.
② 육지와 면한 바다·강·호수 등의 물가.

11 **마그마** magma

땅속 깊은 곳에서 암석이 지열(地熱)로 녹아 반액체로 된 물질.

😊 화산의 분화구에서 분출된 마그마를 '용암'이라고 하는데, 이것이 굳어서 된 암석도 '용암'이라고 해.

(ㅇ)(ㅅ) 바위 암 巖, 돌 석 石

지각을 구성하고 있는 단단한 물질.

😊 암석은 크게 화성암, 퇴적암, 변성암으로 나눌 수 있어.

12 **매장** 묻을 매 埋, 감출 장 藏

지하자원 등이 땅속에 묻히어 있음.

(ㅊ)(ㄱ) 캘 채 採, 팔 굴 掘

땅을 파고 땅속에 묻혀 있는 광물 등을 캐냄.

13 **분출하다** 뿜을 분 噴, 날 출 出

액체나 기체 상태의 물질이 솟구쳐서 뿜어져 나오다. 또는 그렇게 되게 하다.

(ㅂ)(ㅎ) **하다** 뿜을 분 噴, 불 화 火

화산성 물질이 지구 내부에서 표면으로 방출되다.

14 **부유** 뜰 부 浮, 헤엄칠 유 游

물 위나 물속, 또는 공기 중에 떠다님.

(ㅊ)(ㅈ) 잠길 침 沈, 쌓을 적 積

물 밑에 가라앉아 쌓임.

빈칸 답 ❶해양 ❷해일 ❸한류 ❹기후 ❺열대 ❻해빙 ❼자정 ❽지형 ❾퇴적 ❿수역 ⓫암석 ⓬채굴 ⓭분화 ⓮침적

문맥으로 소화하기

아래에서 빈칸에 알맞은 어휘를 <보기>에서 찾아 문맥에 맞게 쓰세요.

지구 과학

┌ 보기 ┐

극지	기단	기후	매장	부유	수역	암석
연안	열대	자정	지질	침식	퇴적	한류
해류	해빙	해일	해저	마그마	분출하다	분화하다

01 땅속의 천연가스 [   ] 여부가 큰 관심거리이다.

① 묻어서 감춤.
② 지하자원 따위가 땅속에 묻히어 있음.

02 [   ] 은/는 바닷물의 염분과 열을 순환시키는 역할을 한다.

일정한 방향과 속도로 이동하는 바닷물의 흐름.

03 우리나라의 [   ] 은/는 대륙의 영향을 강하게 받아 사계절의 변화가 뚜렷하다.

① 기온, 비, 눈, 바람 따위의 대기(大氣) 상태.
② 일정한 지역에서 여러 해에 걸쳐 나타난 기온, 비, 눈, 바람 따위의 평균 상태.

04 엘니뇨로 인해 에콰도르 [   ] 의 해수 온도가 상승하였다.

① 강이나 호수, 바다를 따라 잇닿아 있는 육지.
② 육지와 면한 바다·강·호수 따위의 물가.

05 울릉도는 [   ] 화산의 분출물이 쌓여 이루어진 화산섬이다.

바다의 밑바닥.

▶ 독도 주변의 바다에는 새로운 에너지 자원으로 기대되는 가스 하이드레이트 등의 ○○ 자원이 많이 묻혀 있을 것으로 추정됩니다.
– 국어 1-2

06 남극 세종 과학 기지에서 우리 연구원들이 다양한 [   ] 연구를 수행하고 있다.

① 맨 끝에 있는 땅.
② 남극과 북극을 중심으로 한 그 주변 지역.

07 이 지역의 특이한 [   ] 은/는 연구해 볼 가치가 있다.

지각을 이루는 여러 가지 암석이나 지층의 성질 또는 상태.

▶ 해안가에 생긴 깎아지른 듯이 가파른 낭떠러지인 해식애나 바다 밑의 평탄한 지형인 파식 대지 등은 세계적인 ○○ 유적이라고 할 수 있습니다.
– 국어 1-2

08 풍화 작용으로 [   ] 이/가 깎여 지금의 지형을 형성하였다.

지각을 구성하고 있는 단단한 물질.

09 지구 온난화로 인해 북극 [   ]의 두께와 면적이 감소하고 있다.

　　　　　바닷물이 얼어서 생긴 얼음.

10 마을에 있는 화산이 [   ] 조짐을 보여 주민들이 급하게 대피하였다.

　　　　　① 불을 내뿜다.
　　　　　② 화산성 물질이 지구 내부에서 표면으로 방출되다.

11 인간들이 자연을 훼손하는 정도가 지구의 [   ] 능력을 넘어섰다.

　　　　　① 오염된 물이나 땅 따위가 물리학적·화학적·생물학적 작용으로 저절로 깨끗해짐.
　　　　　② 비리 따위로 부패된 조직이 어떤 조치를 함으로써 스스로를 정화(淨化)함을 비유적으로 이르는 말.

12 [   ]은/는 보통 극에 가까운 지역에서 위도가 낮은 지역으로 흐른다.

　온도가 비교적 낮은 해류.

▶ 난류와 ○○가 만나 물고기가 많을 뿐만 아니라 소라, 전복 등의 해양 생물도 풍족하지요.
　　　　　　　　　　　　　– 국어 1–2

13 바람에 날려 온 모래가 [   ]되어 언덕이 만들어졌다.

　　　　　① 많이 덮쳐져 쌓임. 또는 많이 덮쳐 쌓음.
　　　　　② 암석의 파편이나 생물의 유해(遺骸) 따위가 물이나 빙하,
　　　　　　바람 따위의 작용으로 운반되어 일정한 곳에 쌓이는 일.

14 물의 흐름이 빠른 강의 상류에서는 [   ] 작용이 크게 일어난다.

　　　　　비, 하천, 빙하, 바람 따위의 자연 현상이 지표를 깎는 일.

15 한라산은 신생대 초부터 용암을 [   ].

　　　　　① 액체나 기체 상태의 물질이 솟구쳐서 뿜어져 나오다. 또는 그렇게 되게 하다.
　　　　　② 요구나 욕구 따위가 한꺼번에 터져 나오다. 또는 그렇게 되게 하다.

▶ 독도는 해저에서 ○○된 용암이 굳어서 만들어진 화산섬으로, 바위들이 바닷물과 바람에 깎이고 부서져서 형성된 독특한 지형을 많이 찾아볼 수 있습니다.
　　　　　　　　　　　　　– 국어 1–2

16 며칠 전 폭발한 화산으로 인해 공기 중에는 여전히 화산재가 [   ]하고 있다.

　　　　　① 물 위나 물속, 또는 공기 중에 떠다님.
　　　　　② 행선지를 정하지 아니하고 이리저리 떠돌아다님.

· 맞힌 개수 (　　　) / 16문항

12개 이상	다음 회차로 넘어가도 되겠어요!
8개 ~11개	[문맥으로 소화하기] 한 번만 더 읽고 갈까요?
7개 이하	전체를 복습하고 넘어가야겠어요.

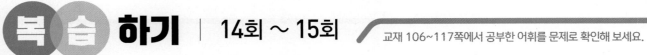

복습하기 | 14회 ~ 15회

교재 106~117쪽에서 공부한 어휘를 문제로 확인해 보세요.

[01~03] 다음 문장의 괄호 안에 들어갈 알맞은 단어를 고르시오.

01 땀을 흘려 몸속 노폐물을 (   )하기 위해 찜질방에 가기로 하였다.

① 배변   ② 배설   ③ 섭취   ④ 소화   ⑤ 이뇨

02 맛있는 빵을 만들려면 적당량의 이스트를 넣어 (   )을/를 잘 시켜야 한다.

① 발효   ② 부패   ③ 분해   ④ 증식   ⑤ 합성

03 이 지역의 땅은 (   )이 많이 포함된 비옥한 토양으로 이루어져 있어 작물을 재배하기에 적합하다.

① 노폐물   ② 무기물   ③ 미생물   ④ 분비물   ⑤ 유기물

04 괄호 안에 공통으로 들어갈 단어로 알맞은 것은?

- 정부는 치솟는 물가를 (   )하기 위한 몇 가지 정책을 발표했다.
- 그는 눈앞에 펼쳐진 상황에 끓어오르는 분노를 (   )하기 어려웠다.
- 제약 회사에서 암세포의 증식을 (   )하는 데 효과적인 약을 개발했다.

① 배출   ② 억제   ③ 융해   ④ 자극   ⑤ 촉진

[05~08] 제시된 뜻풀이를 참고하여 다음 십자말풀이를 완성하시오.

생

05 가로: 신체의 조직이나 기능을 연구하는 학문에 관계되는. 또는 그런 것.
예 괴사한 장기가 다시 살아나는 것은 (   )(으)로 설명할 수 없다.

06 세로: 생물의 생활 상태, 생물과 환경과의 관계 등을 연구하는 학문에 관계되는. 또는 그런 것.
예 그는 습지의 개발을 경제적 시각이 아닌 (   ) 시각에서 분석하였다.

화

07 가로: 생물이 생명의 기원 이후부터 점진적으로 변해 가는 현상.
예 인류는 오랜 세월의 (   )를 거쳐 지금의 모습이 되었다.

08 세로: 생물체의 기관이나 조직의 형태가 단순화되고 크기가 감소하는 따위의 진화나 계통 발생 및 개체 발육 과정에서 퇴행적으로 변화함. 또는 그런 변화.
예 사람의 꼬리뼈는 (   )의 한 예이다.

[09~11] 다음 문장의 괄호 안에 들어갈 알맞은 단어를 고르시오.

09 해식 동굴은 파도가 해안 절벽을 깎아 만든 (침식 / 퇴적) 지형이다.

10 강의 상류에서부터 쓸려온 흙의 (부유 / 침적)이/가 계속되며 하류의 수심이 얕아졌다.

11 이 지역에는 많은 광물 자원이 묻혀 있지만, 지형 때문에 (매장 / 채굴)에 어려움이 있다.

[12~14] 다음 문장의 괄호 안에 들어갈 알맞은 단어와 그 단어의 뜻을 〈보기 1〉과 〈보기 2〉에서 찾아 그 기호를 쓰시오.

●보기 1●
　　　　　㉠ 기단　　　㉡ 지형　　　㉢ 해양　　　㉣ 해저

●보기 2●
ⓐ 넓고 큰 바다.
ⓑ 바다의 밑바닥.
ⓒ 땅의 생긴 모양이나 형세.
ⓓ 넓은 지역에 걸쳐 있는, 수평 방향으로 거의 같은 성질을 가진 공기 덩어리.

12 우리나라는 삼면이 바다로 둘러싸여 있어 (　　　)(으)로 진출하는 데 유리하다.　➡ (　　　　)

13 우리나라는 겨울에 시베리아 (　　　)의 영향을 받아 춥고 건조한 날씨가 이어진다.　➡ (　　　)

14 지각 변동이나 화산 활동으로 형성된 (　　　)은/는 침식 및 퇴적 작용을 통해 변화한다.　➡ (　　　)

[15~19] 다음 문장의 괄호 안에 들어갈 알맞은 단어를 말 상자에서 찾아 쓰시오.

분	출	하	다	용	암
화	산	마	그	마	석
하	기	단	석	유	출
다	후	온	해	빙	양
침	식	풍	난	해	일
퇴	적	화	한	류	저

15 지진으로 (　　　　)이/가 일어나 마을이 물에 잠겼다.

16 올 겨울은 유난히 추워 강이 (　　　　)(으)로 뒤덮였다.

17 이곳의 (　　　　)은/는 고온 다습하여 벼농사를 짓기에 적합하다.

18 땅속 (　　　　)이/가 계속해서 상승하고 있으므로 화산이 곧 폭발할 것이다.

19 우리가 바다에 버린 쓰레기는 (　　　　)을/를 타고 한곳에 모여 거대한 섬을 이루었다.

[1~2] 다음을 읽고, 물음에 답하시오.

✏️ 지문 이해

해제 (　　　) 소비의 전개 과정을 밝히고, 그 의미와 사례 등을 설명하고 있다.

주제 사람, (　　　), 동물이 모두 행복해질 수 있는 윤리적 소비

　　1967년 제삼 세계의 발전을 위한 국제기구인 국제 연합 무역 개발 협의회(UNCTAD)에서 원조가 아닌 무역을 통해서 제삼 세계의 ㉠빈곤을 극복하자는 제삼 세계 대표의 호소(呼訴)가 선진국 시민들의 마음을 움직였다. 그 뒤 잘사는 나라 사람들은 제삼 세계의 공예품과 주요 수출 ㉡작물인 홍차, 카카오, 커피, 면화 등을 공정한 가격에 구입해서 판매하는 공정 무역 운동을 펼치기 시작했다. 공정한 가격으로 물건을 사면 그 지역의 환경을 보존하고 일하는 노동자들의 생활도 보장할 수 있다. 1970년대 이후에는 동물을 괴롭히거나 환경 파괴를 몰고 오는 상품을 반대하는 시민 ㉢캠페인이 잘사는 나라에서 널리 퍼졌다.

　　이처럼 인간과 동물 그리고 자연에 피해를 주지 않는 상품을 구매하는 운동을 1980년대 후반부터 영국에서는 '㉣윤리적 소비'라고 부르기 시작했다. 아무리 편하고 값이 싸더라도 양심에 어긋나는 상품은 구입하지 말자는 운동이다. 즉 좋은 상품은 사고 나쁜 상품은 구매하지 않는 올바른 ㉤소비로 올바른 생산을 이끌 수 있도록 하는 것이다.

　　오늘날 유럽의 협동조합, 대형 슈퍼마켓, 대기업 등은 공정 무역 커피, 초콜릿 등을 팔고 있다. 또한 공정 무역 물품과 친환경 제품을 의무적으로 구입하거나 추천하고 있다. 내가 구입하는 물건을 통해서 사람, 환경, 동물이 모두 행복해질 수 있는 소비가 윤리적 소비이다.

－ 김태연 외, 《생명을 살리는 윤리적 소비》

[세부 내용 이해하기]

1 **이 글을 통해 알 수 있는 내용으로 적절하지 않은 것은?**

① 올바른 소비로 올바른 생산을 이끌 수 있다.

② '윤리적 소비'라는 명칭은 영국에서 시작되었다.

③ 윤리적 소비는 사람뿐만 아니라 동물과 환경을 모두 고려한 소비이다.

④ 제삼 세계의 수출품이 공정한 가격에 거래되면 그 지역 노동자의 생활을 보장할 수 있다.

⑤ 1960년대 이전까지 제삼 세계는 선진국으로부터 홍차, 카카오, 커피 등을 원조 받았다.

📖 어휘력 넓히기

부를 호(呼)

● **호소(呼訴)** | 억울하거나 딱한 사정을 남에게 간곡히 알림.

● **호명(呼名)** | 이름을 부름.

● **호칭(呼稱)** | 이름 지어 부름. 또는 그 이름.

☑️ 간단 확인

그녀는 '누구 엄마'라는 (　　　) 대신 자신의 이름으로 불리기를 원하였다.

[어휘의 사전적 의미]

2 **㉠~㉤의 사전적 의미로 적절하지 않은 것은?**

① ㉠: 가난하여 살기가 어려움.

② ㉡: 논밭에 심어 가꾸는 곡식이나 채소.

③ ㉢: 사회·정치적 목적 따위를 위하여 조직적이고도 지속적으로 행하는 운동.

④ ㉣: 국가의 강제력을 수반하는 사회 규범에 따른. 또는 그런 것.

⑤ ㉤: 욕망을 충족하기 위하여 재화나 용역을 소모하는 일.

[3~4] 다음을 읽고, 물음에 답하시오.

지문 이해

해제 (   )가 무엇인지 설명하고, 영국과 미국의 팝 아트를 비교하고 있다.

주제 영국과 미국의 (   ) 의 특징

팝 아트(pop art)는 1960년대 초기에 미국에서 발달하여 미국 화단을 지배했던 구상 회화의 한 경향으로, '팝(pop)'이라는 명칭은 'popular(대중적인)'에서 유래하였으며, 일상생활에 ㉠범람하는 기성 이미지인 대중적 이미지에서 제재를 ㉡취했던 미술의 경향을 일컫는다.

팝 아트가 급속히 일반화된 것은 1962년 뉴욕의 시드니 재니스 화랑에서 열렸던 '뉴리얼리스트전' 이후의 일이나 영국에서는 이미 10여 년 전부터 그 전조가 된 미술가들의 활동이 있었다. 1950년대 초부터 해밀턴, 파올로치 등의 젊은 작가가 모여서 대중 사회의 문화, 예술, 대중 매체와 같은 문제들을 토론하고 전시회를 개최(開催)함으로써 팝 아트라는 명칭을 얻게 된 것이다. ⓐ영국의 팝 아트는 초기부터 사회 비판적이었으며, 구태의연한 사회 질서에 대한 비판으로서 사회와 예술을 ㉢접목하고자 했던 젊은 예술가들에 의해 전개되었다.

그러나 ⓑ미국의 팝 아트는 1950년대 초기의 미국 화단을 휩쓸었던 추상 표현주의의 애매하고 환영적인 형태와 주관적인 미학에 대한 반동의 결과로 나타나게 됐다. 미국의 팝 아트는 특히, 지극히 평범한 것조차도 미적·예술적인 가치가 있다는 전위 작곡가 케이지의 사상에 ㉣고무된 바 크다. 미국의 팝 아트는 사실주의의 한 지류로서 미국으로 상징되는 현대의 과학 기술 문명에 대한 낙관주의를 기조로 하고 있다. 미국 팝 아트의 전조 작가로 대표되는 라우션버그는 일상생활에서 흔히 발견되는 물체, 이를테면 콜라병, 자동차 타이어, 침대 등을 이용하여 콤바인 페인팅을 ㉤창안함으로써 팝 아트의 기틀을 마련했다.

– 월간미술 엮음,《세계 미술 용어 사전》

[대상 간에 비교하기]

3 ⓐ와 ⓑ에 대한 이해로 적절하지 <u>않은</u> 것은?

① ⓐ가 ⓑ보다 먼저 시작되었다.

② 일반적으로 '팝 아트'는 ⓑ를 의미한다.

③ ⓐ와 ⓑ 모두 기존의 것에 대한 반발적인 성격을 가진다.

④ ⓐ는 변화와 혁신만을 추구하는 당시 사회에 대한 비판으로 전개되었다.

⑤ ⓑ는 기본적으로 현대의 과학 기술 문명을 희망적으로 보는 경향이 있다.

어휘력 넓히기

열 개(開)

● 개최(開催) : 모임이나 회의 따위를 주최하여 엶.

● 개시(開始) : 행동이나 일 따위를 시작함.

● 개척(開拓) : 새로운 영역, 운명, 진로 따위를 처음으로 열어 나감.

☑ 간단 확인

새 프로젝트를 위한 팀을 구성하여 내일부터 활동을 (   ) 하기로 하였다.

[바꿔 쓰기]

4 문맥상 ㉠~㉤과 바꿔 쓰기에 가장 적절하지 <u>않은</u> 것은?

① ㉠: 넘쳐 나는

② ㉡: 가져왔던

③ ㉢: 조화시키고자

④ ㉣: 밀려 몰락한

⑤ ㉤: 처음으로 생각해 냄으로써

[5~6] 다음을 읽고, 물음에 답하시오.

✏ **지문 이해**

해제 (　　)의 반응 원인을 설명하는 두 가지 의견을 소개한 뒤, 그중 더 설득력 있는 의견을 설명하고 있다.

주제 사람들 간의 (　　) 속에서 발생하는 간지럼

　사람들은 친근함의 **표시**(表示)로 또는 장난삼아 친구나 연인 등을 종종 간지럽힌다. 간지럼 뒤에 ㉠나오는 반응은 일반적으로 온몸을 비틀며 웃는 것이다. 하지만 어떤 사람들은 표정을 찡그리며 짜증을 내기도 하고 간지럼을 전혀 타지 않는 것 같아 ㉡보이기도 한다. 간지럼은 왜 타는 것이며 이때 웃는 이유는 무엇일까? 간지럼의 반응 원인을 설명하는 의견은 크게 두 가지로 나뉜다. 첫 번째는 사람들 간의 상호 작용 속에서 발생하는 반응이라는 것이고, 두 번째는 단순한 인체의 자극에 따른 반사적인 반응이라는 의견이다.

　간지럼의 반응으로 사람들은 대부분 웃게 되지만 그것이 즐거워서만은 아니다. 사실 간지럼은 즐겁다는 느낌보다는 고통스럽다는 느낌을 더 ㉢준다. 간지럼을 당하는 대부분의 사람은 웃기도 하지만 고통스러운 표정도 함께 ㉣짓고, 몸을 비틀며 간질이는 사람을 떼어 내 행위를 멈추게 하려는 동작을 취한다. 만약 모르는 사람이 간지럼을 태운다면 웃음보다는 멈추라는 표현과 불쾌함을 드러낼 것이다. 다만 친밀한 사람이 행했을 때 나를 해치지 않을 것이라는 안도감과 신체 접촉에서 오는 쾌감이 더해져 웃음 짓는 것이라고 보고, 간지럼을 인간의 상호 작용에서 발생하는 반응이라고 설명하는 것이다.

　간지럼이 단순히 자극에 의한 반응이라는 의견이 빛을 보지 못하는 이유는 자기 자신에게는 간지럼을 ㉤타지 않거나 그 효과가 매우 미미하기 때문이다.

– 조재형 기자, 《사이언스타임즈》

[추론하기]

5 이 글을 읽고 추론한 내용으로 적절하지 <u>않은</u> 것은?

① 친밀한 사람과 신체를 접촉할 때 우리는 쾌감을 느낄 수 있다.

② 친밀도가 매우 높은 사람이 간지럽힌다면 멈추라는 표현을 드러내지 않을 것이다.

③ 간지럼의 반응 원인을 인간의 상호 작용에서 오는 것이라고 보는 의견이 우세하다.

④ 내가 스스로를 간지럽힐 때와 타인이 나를 간지럽힐 때의 반응 정도는 다를 것이다.

⑤ 친구가 나를 간지럽힐 때와 모르는 사람이 나를 간지럽힐 때의 반응은 다를 것이다.

📖 **어휘력 넓히기**

보일 시(示)

● **표시**(表示) : 겉으로 드러내 보임.

● **암시**(暗示) : 넌지시 알림. 또는 그 내용.

● **공시**(公示) : 일정한 내용을 공개적으로 게시하여 일반에게 널리 알림. 또는 그렇게 알리는 글.

☑ 간단 확인
그는 나에게 어떠한 (　　)도 없이 어느 날 갑자기 떠나 버렸다.

[어휘의 문맥적 의미]

6 ㉠~㉤과 같은 의미로 사용되지 <u>않은</u> 것은?

① ㉠: 수업 시간에 선생님의 말씀이 너무 지루하여 하품이 <u>나왔다</u>.

② ㉡: 그는 고생을 많이 했기 때문인지 젊은 나이임에도 불구하고 퍽 나이 들어 <u>보인다</u>.

③ ㉢: 내가 무심코 뱉은 말이 상대방에게 상처를 <u>줄</u> 수도 있음을 항상 생각해야 한다.

④ ㉣: 그는 기분이 나빴지만 분위기를 망치고 싶지 않았기 때문에 <u>지어서</u> 웃었다.

⑤ ㉤: 부끄럼을 많이 <u>타는</u> 그녀는, 많은 사람 앞에서 주목을 받자 얼굴이 새빨개졌다.

IV

문법 필수 개념어 & 어법

문법 필수 개념어(1)

① 자의성 | 언어에서, 소리와 의미의 관계가 사회적으로 약속된 것이어서 개인이 마음대로 바꿀 수 없는 특성. | 사회성

② 역사성 | 언어에서, 시간의 흐름에 따라 끊임없이 변화(생성, 성장, 소멸)하는 특성. | 창조성

③ 단어 | 일정한 뜻과 기능을 가지며 홀로 쓰일 수 있는 가장 작은 말의 단위. | 품사

④ 불변어 | 형태가 변하는 말. | 가변어

⑤ 명사 | 사물의 이름을 나타내는 품사. | 대명사

⑥ 동사 | 사람이나 사물의 움직임을 나타내는 품사. | 형용사

⑦ 관형사 | 용언 또는 다른 말 앞에 놓여 그 뜻을 분명하게 하는 품사. | 부사

⑧ 조사 | 다른 말과의 문법적 관계를 표시하거나 그 말의 뜻을 도와주는 품사. | 감탄사

⑨ 체언 | 문장에서 주어 따위의 기능을 하는 명사, 대명사, 수사를 통틀어 이르는 말. | 용언

⑩ 어간 | 용언 및 서술격 조사 '이다'가 활용하여 변하는 부분. | 어미

⑪ 고유어 | 외국에서 들어온 말로 국어에서 널리 쓰이는 단어. | 외래어

⑫ 지역 방언 | 한 언어에서, 계층적으로 분화되어 직업, 연령, 성별 등에 따라 특징적으로 쓰는 말. | 사회 방언

⑬ 유의어 | 말소리는 다르지만 의미가 서로 비슷한 관계에 있는 단어들. | 반의어

⑭ 동음이의어 | 소리는 같으나 뜻이 다른 단어. | 다의어

문법 필수 개념어(1)

1 ㅈㅇㅅ 마음대로 자 恣, 뜻 의 意, 성품 성 性

언어에서, 소리와 의미의 관계가 필연적이지 않은 특성.

사회성 모일 사 社, 모일 회 會, 성품 성 性

언어에서, 소리와 의미의 관계가 사회적으로 약속된 것이어서 개인이 마음대로 바꿀 수 없는 특성.

2 ㅇㅅㅅ 지낼 역 歷, 역사 사 史, 성품 성 性

언어에서, 시간의 흐름에 따라 끊임없이 변화(생성, 성장, 소멸)하는 특성.

창조성 처음 창 創, 지을 조 造, 성품 성 性

언어에서, 이미 알고 있는 언어를 바탕으로 새로운 단어나 문장을 무한히 만들어 낼 수 있는 특성.

3 **단어** 홀 단 單, 말씀 어 語

일정한 뜻과 기능을 가지며 홀로 쓰일 수 있는 가장 작은 말의 단위.

ㅍㅅ 물건 품 品, 말씀 사 詞

단어를 기능, 형태, 의미에 따라 나눈 갈래.

😊 우리말은 '명사, 대명사, 수사, 조사, 동사, 형용사, 관형사, 부사, 감탄사'의 9품사로 나뉘어.

4 ㅂㅂㅇ 아닐 불 不, 변할 변 變, 말씀 어 語

형태가 변하지 않는 말.

예 비둘기, 정말로, 어머나

가변어 옳을 가 可, 변할 변 變, 말씀 어 語

형태가 변하는 말.

예 보다(보니, 보아서, 볼수록)

5 ㅁㅅ 이름 명 名, 말씀 사 詞

사물의 이름을 나타내는 품사.

예 칠판, 지우개, 우정, 사랑

대명사 대신할 대 代, 이름 명 名, 말씀 사 詞

사람이나 사물의 이름을 대신 나타내는 말들을 지칭하는 품사.

예 이것이 너의 필통이야?

6 **동사** 움직일 동 動, 말씀 사 詞

사람이나 사물의 움직임을 나타내는 품사.

예 가다, 뛰다, 읽다, 달리다

ㅎㅇㅅ 모양 형 形, 모양 용 容, 말씀 사 詞

사람이나 사물의 성질이나 상태를 나타내는 품사.

예 높다, 예쁘다, 따뜻하다, 아름답다

7 ㄱㅎㅅ 갓 관 冠, 모양 형 形, 말씀 사 詞

체언 앞에 놓여서, 그 체언의 내용을 자세히 꾸며 주는 품사.

예 새 자전거, 어떤 사람, 온 세상

부사 버금 부 副, 말씀 사 詞

용언 또는 다른 말 앞에 놓여 그 뜻을 분명하게 하는 품사.

예 일찍 일어나다, 가장 좋아하다.

⑧ ㅈㅅ 　도울 조 助, 말씀 사 辭

다른 말과의 문법적 관계를 표시하거나 그 말의 뜻을 도와주는 품사.

예 이/가, 을/를, 만, 도

감탄사 　느낄 감 感, 읊을 탄 歎, 말씀 사 詞

느낌이나 부름, 응답 등을 나타내는 말의 품사.

예 맙소사, 여보게, 응, 오냐

---

⑨ 체언 　몸 체 體, 말씀 언 言

문장에서 주어 따위의 기능을 하는 명사, 대명사, 수사를 통틀어 이르는 말.

☺ '수사(數詞)'는 사물의 수량이나 순서를 나타내는 품사야.

○○ 　쓸 용 用, 말씀 언 言

문장에서 서술어의 기능을 하는 동사, 형용사를 통틀어 이르는 말.

---

⑩ 어간 　말씀 어 語, 줄기 간 幹

동사나 형용사가 활용할 때에 변하지 않는 부분.

☺ 활용은 동사와 형용사가 문장에서 쓰일 때 형태가 변하는 것을 말해. 예 먹다-먹고, 먹으니, 먹어서

○□ 　말씀 어 語, 꼬리 미 尾

용언 및 서술격 조사 '이다'가 활용하여 변하는 부분.

☺ '먹고, 먹으니, 먹어서'에서 '-고, -으니, -어서'에 해당해.

---

⑪ ㄱ○○ 　굳을 고 固, 있을 유 有, 말씀 어 語

해당 언어에 본디부터 있던 말이나 그것에 기초하여 새로 만들어진 말.

예 하늘, 딸기, 모두, 파랗다, 깡충깡충

외래어 　바깥 외 外, 올 래 來, 말씀 어 語

외국에서 들어온 말로 국어에서 널리 쓰이는 단어.

예 요구르트, 스파게티, 바게트, 오렌지

---

⑫ 지역 방언 　땅 지 地, 지경 역 域, 모 방 方, 말씀 언 言

같은 언어이나 지역에 따라 달라진 말.

예 옥수수-옥수시, 깡내이, 옥시기, 옥수깽이, 강능써울 등

ㅅㅎ 방언 　모일 사 社, 모일 회 會, 모 방 方, 말씀 언 言

한 언어에서, 계층적으로 분화되어 직업, 연령, 성별 등에 따라 특징적으로 쓰는 말.

☺ 사회 방언에는 유행어, 전문어, 은어 등이 있어.

---

⑬ 유의어 　무리 유 類, 뜻 의 義, 말씀 어 語

말소리는 다르지만 의미가 서로 비슷한 관계에 있는 단어들.

예 가끔-이따금, 잡다-쥐다 등

ㅂ○○ 　돌이킬 반 反, 뜻 의 意, 말씀 어 語

그 뜻이 서로 정반대되는 관계에 있는 말.

예 낮-밤, 덥다-춥다, 오르다-내리다 등

---

⑭ ㄷ○○○○ 　같은 동 同, 소리 음 音, 다를 이 異, 뜻 의 義

소리는 같으나 뜻이 다른 단어.

예 실을 '감다' – 눈을 '감다' – 머리를 '감다'

다의어 　많을 다 多, 뜻 의 義, 말씀 어 語

두 가지 이상의 뜻을 가진 단어.

예 머리: ① 목 위의 머리 ② 머리카락 ③ 지능

빈칸 답 ❶자의성 ❷역사성 ❸품사 ❹불변어 ❺명사 ❻형용사 ❼관형사 ❽조사 ❾용언 ❿어미 ⓫고유어 ⓬사회 ⓭반의어 ⓮동음이의어

아래에서 빈칸에 알맞은 어휘를 <보기>에서 찾아 문맥에 맞게 쓰세요.

문법 필수 개념어(1)

보기

단어	동사	부사	어미	조사	체언	품사
가변어	감탄사	고유어	관형사	대명사	반의어	불변어
사회성	역사성	외래어	자의성	형용사	사회 방언	동음이의어

단어를 기능, 형태, 의미에 따라 나눈 갈래.

01 우리말의 [   ]는 의미를 기준으로 우리말의 명사, 대명사, 수사, 조사, 동사, 형용사, 관형사, 부사, 감탄사로 나눌 수 있다.

02 단어는 문장에서 쓰일 때 형태가 변하느냐, 변하지 않느냐에 따라 [   ]와/과 불변어로 나눌 수 있다.
형태가 변하는 말.

03 [   ]은/는 문장에서 사용될 때 그 형태가 변하지 않는 불변어이다.
문장에서 주어 따위의 기능을 하는 명사, 대명사, 수사를 통틀어 이르는 말.

04 '나, 너, 이것, 여기, 저기'는 대상의 이름을 대신하여 가리키는 [   ]이다.
사람이나 사물의 이름을 대신 나타내는 말들을 지칭하는 품사.

05 '아침을 든든하게 먹었다.'에서 '먹었다'의 품사는 [   ]이다.
사람이나 사물의 움직임을 나타내는 품사.

06 '따뜻한 말 한마디'에서 '따뜻한'의 품사는 [   ]이다.
사람이나 사물의 성질이나 상태를 나타내는 품사.

07 [   ]와/과 부사는 모두 다른 말을 꾸며 주는 역할을 하는 품사이다.
체언 앞에 놓여서, 그 체언의 내용을 자세히 꾸며 주는 품사.

용언 또는 다른 말 앞에 놓여 그 뜻을 분명하게 하는 품사.

08 [   ]은/는 '과연 세홍이는 훌륭한 선수로구나.'의 '과연'과 같이 문장 전체를 꾸며 주기도 한다.

09 '개미가 사자를 물었다.'에서 '가, 를'의 품사는 [   ]이다.

다른 말과의 문법적 관계를 표시하거나 그 말의 뜻을 도와주는 품사.

10 '읽는다, 읽느냐, 읽고, 읽어, 읽는'과 같이 용언이 활용할 때 '-는다, -느냐, -고, -어, -는'과 같이 변하는 부분을 [   ](이)라고 한다.

용언 및 서술격 조사 '이다'가 활용하여 변하는 부분.

11 '딸기'라는 같은 의미를 나타내기 위해 한국어로는 [딸:기], 중국어로는 [차오메이], 영어로는 [스트로베리]라고 하는 것에서 언어가 [   ]을/를 지녔음을 알 수 있다.

언어에서, 소리와 의미의 관계가 필연적이지 않은 특성.

12 '수박'을 마음대로 '수세미'로 바꾸어 말하면 시장에서 어려움을 겪을 것이다. 이러한 예를 통해 언어의 [   ]을/를 알 수 있다.

언어에서, 소리와 의미의 관계가 사회적으로 약속된 것이어서 개인이 마음대로 바꿀 수 없는 특성.

13 먹는 '배'와 타고 다니는 '배'는 서로 [   ] 관계이다.

소리는 같으나 뜻이 다른 단어.

14 '벗다'는 '입다'의 [   ]이다.

그 뜻이 서로 정반대되는 관계에 있는 말.

15 한자어가 들어오면서 국어의 많은 [   ]들은 사라지게 되었다.

해당 언어에 본디부터 있던 말이나 그것에 기초하여 새로 만들어진 말.

16 '생파, 문상'(젊은 세대), '심리, 변론'(법 분야)과 같은 [   ]은/는 이를 사용하는 집단의 특성을 반영한다.

한 언어에서, 계층적으로 분화되어 직업, 연령, 성별 따위에 따라 특징적으로 쓰는 말.

• 맞힌 개수 (   ) / 16문항

12개 이상	다음 회차로 넘어가도 되겠어요!
8개~11개	[문맥으로 소화하기] 한 번만 더 읽고 갈까요?
7개 이하	전체를 복습하고 넘어가야겠어요.

1 훈민정음 | 백성을 가르치는 바른 소리라는 뜻으로, 1443년에 세종이 창제한 우리나라 글자를 이르는 말. | 한글

2 자음 | 성대의 진동을 받은 소리가 목, 입, 코를 거쳐 나오면서 장애를 받지 않고 나는 소리. | 모음

3 초성 | 음절의 구성에서 마지막 소리인 자음. '감', '공'에서 'ㅁ', 'ㅇ' 따위. | 종성

4 모아쓰기 | 한글 자모를 가로세로로 묶어서 쓰는 방식. 지금 우리가 한글을 쓰는 방식임. | 풀어쓰기

5 아래아 | 우주의 주장이 되는 하늘과 땅과 사람을 통틀어 이르는 말. | 천지인

6 상형 | 물체의 모양을 본떠서 글자를 만드는 방법. | 가획

7 합자 | ㅡ와 ㅣ에 'ㆍ'를 합하여 'ㅗ, ㅏ, ㅜ, ㅓ'를 만들고, 이에 'ㆍ'를 한 번 더 합하여 'ㅛ, ㅑ, ㅠ, ㅕ'를 만듦. | 합성

너무 깊이 생각하지 말고,
빠르게 풀어 보자.

⑧ 표준 발음법   우리말을 한글로 적을 때에 지켜야 할 기준.   한글 맞춤법

⑨ 단모음   입술 모양이나 혀의 위치를 처음과 나중이
서로 달라지게 하여 내는 모음.   이중 모음

⑩ 쌍받침   같은 자음자가 겹쳐서 된 받침.
'ㄲ', 'ㅆ' 따위.   겹받침

⑪ 어근   단어를 분석할 때, 실질적인 의미를 나타내는
중심이 되는 부분. ⑨ 지우개, 맨손   접사

⑫ 접두사   어근이나 단어의 뒤에 붙어 새로운 단어가
되게 하는 말. ⑨ 덮개, 넓이   접미사

⑬ 단어   뜻을 가진 가장 작은 말의 단위.
'이야기책'의 '이야기', '책' 따위.   형태소

⑭ 실질 형태소   구체적인 대상이나 동작, 상태를 표시하는
형태소. '책을 읽다'에서 '책, 읽-' 따위.   형식 형태소

2단계
꼼꼼히 확인하기

1단계 퀴즈의 정답은 아래에서 **초록색으로 표시**했습니다.
오답의 어휘와 뜻풀이까지 꼼꼼하게 확인해 보세요.

문법 필수 개념어(2)

① ㅎ ㅁ ㅈ ㅇ   가르칠 훈 訓, 백성 민 民, 바를 정 正, 소리 음 音

백성을 가르치는 바른 소리라는 뜻으로, 1443년에 세종이 창제한 우리나라 글자를 이르는 말.

한글

우리나라 고유의 글자.

② ㅈ ㅇ   아들 자 子, 소리 음 音

목, 입, 혀 등의 발음 기관에 의해 구강 통로가 좁아지거나 완전히 막히는 등의 장애를 받으며 나는 소리.

예 ㄱ, ㄲ, ㄴ, ㄷ, ㄸ, ㄹ, ㅁ, ㅂ, ㅃ, ㅅ, ㅆ, ㅇ, ㅈ, ㅉ, ㅊ, ㅋ, ㅌ, ㅍ, ㅎ

모음   어미 모 母, 소리 음 音

성대의 진동을 받은 소리가 목, 입, 코를 거쳐 나오면서 장애를 받지 않고 나는 소리.

예 ㅏ, ㅑ, ㅓ, ㅕ, ㅗ, ㅛ, ㅜ, ㅠ, ㅡ, ㅣ

③ **초성**   처음 초 初, 소리 성 聲

음절의 구성에서 처음 소리인 자음. '님'에서 'ㄴ' 따위.

ㅈ ㅅ   끝날 종 終, 소리 성 聲

음절의 구성에서 마지막 소리인 자음. '감', '공'에서 'ㅁ', 'ㅇ' 따위.

☺ 음절의 구성에서 중간 소리인 모음은 '중성(中聲)'이라고 해.

④ ㅁ ㅇ ㅆ ㄱ

한글 자모를 가로세로로 묶어서 쓰는 방식. 지금 우리가 한글을 쓰는 방식임.

☺ 모아쓰기는 읽기 편하고 의미가 쉽게 파악된다는 장점이 있어.

풀어쓰기

한글의 현행 자형(字形)을 풀어서 초성, 중성, 종성의 차례대로 늘어놓아 쓰는 방식.

☺ '학교'를 'ㅎ ㅏ ㄱ ㄱ ㅛ'와 같이 쓰는 방식을 말해.

⑤ **아래아**

한글 옛 자모 'ㆍ'의 이름.

ㅊ ㅈ ㅇ   하늘 천 天, 땅 지 地, 사람 인 人

우주의 주장이 되는 하늘과 땅과 사람을 통틀어 이르는 말.

⑥ ㅅ ㅎ   본뜰 상 象, 모양 형 形

물체의 모양을 본떠서 글자를 만드는 방법.

☺ 훈민정음의 자음자의 기본자 5자(ㄱ, ㄴ, ㅁ, ㅅ, ㅇ)는 발음 기관의 모양을, 모음자의 기본자 3자(ㆍ, ㅡ, ㅣ)는 천지인을 본떠서 만들었어.

가획   더할 가 加, 새길 획 劃

원글자에 획을 더함.

☺ 자음자는 소리가 세짐에 따라 자음자의 기본자에 획을 더하여 글자를 추가로 만들었어. 예 ㄱ→ㅋ / ㄴ→ㄷ, ㅌ

⑦ ㅎ ㅈ   합할 합 合, 글자 자 字

자음자와 모음자를 합쳐서 음절 단위로 모아쓰는 한글의 표기 방식을 일컫는 말.

합성   합할 합 合, 이룰 성 成

'ㅡ'와 'ㅣ'에 'ㆍ'를 합하여 'ㅗ, ㅏ, ㅜ, ㅓ'를 만들고, 이에 'ㆍ'를 한 번 더 합하여 'ㅛ, ㅑ, ㅠ, ㅕ'를 만듦.

8 ㅍ ㅈ ㅂ ㅇ ㅂ　　표 표 標, 법도 준 準, 필 발 發, 소리 음 音

표준어를 발음할 때 기준이 되는 발음상의 규칙과 규범.

한글 맞춤법　　법도 법 法

우리말을 한글로 적을 때에 지켜야 할 기준.

---

9 **단모음**　　홑 단 單, 어미 모 母, 소리 음 音

소리를 내는 도중에 입술 모양이나 혀의 위치가 달라지지 않는 모음.

ⓔ ㅏ, ㅐ, ㅓ, ㅔ, ㅗ, ㅚ, ㅜ, ㅟ, ㅡ, ㅣ(이 중 'ㅚ, ㅟ'는 이중 모음으로 발음할 수도 있음.)

ㅇ ㅈ ㅁ ㅇ　　두 이 二, 거듭 중 重, 어미 모 母, 소리 음 音

입술 모양이나 혀의 위치를 처음과 나중이 서로 달라지게 하여 내는 모음.

ⓔ ㅑ, ㅒ, ㅕ, ㅖ, ㅘ, ㅙ, ㅛ, ㅝ, ㅞ, ㅠ, ㅢ

---

10 **쌍받침**　　쌍 쌍 雙

같은 자음자가 겹쳐서 된 받침. 'ㄲ', 'ㅆ' 따위.

ㄱ ㅂ ㅊ

서로 다른 두 개의 자음으로 이루어진 받침. 'ㄳ', 'ㄵ', 'ㄺ', 'ㄻ', 'ㄼ', 'ㄾ', 'ㅄ' 따위.

---

11 **어근**　　말씀 어 語, 뿌리 근 根

단어를 분석할 때, 실질적인 의미를 나타내는 중심이 되는 부분. ⓔ <u>지우</u>개, <u>맨</u>손

ㅈ ㅅ　　접할 접 接, 말씀 사 辭

단독으로 쓰이지 않고 항상 다른 어근이나 단어에 붙어 새로운 단어를 구성하는 부분. ⓔ 지우<u>개</u>, 맨<u>손</u>

☺ 접사는 붙는 위치에 따라 접두사와 접미사로 구별할 수 있어.

---

12 **접두사**　　접할 접 接, 머리 두 頭, 말씀 사 辭

어근이나 단어의 앞에 붙어서 뜻을 더하며 새로운 단어를 만드는 말. ⓔ <u>덧</u>버선, <u>풋</u>사과

ㅈ ㅁ ㅅ　　접할 접 接, 꼬리 미 尾, 말씀 사 辭

어근이나 단어의 뒤에 붙어 새로운 단어가 되게 하는 말. ⓔ 덮<u>개</u>, 넓<u>이</u>

---

13 **단어**　　홑 단 單, 말씀 어 語

일정한 뜻과 기능을 가지며 홀로 쓰일 수 있는 가장 작은 말의 단위.

ㅎ ㅌ ㅅ　　모양 형 形, 모양 태 態, 바탕 소 素

뜻을 가진 가장 작은 말의 단위. '이야기책'의 '이야기', '책' 따위.

---

14 **실질 형태소**　　열매 실 實, 바탕 질 質

구체적인 대상이나 동작, 상태를 표시하는 형태소. '책을 읽다'에서 '책, 읽-' 따위.

ㅎ ㅅ 형태소　　모양 형 形, 법 식 式

실질 형태소에 붙어 주로 말과 말 사이의 관계를 표시하는 형태소. 조사, 어미 등이 있음. '책을 읽다'에서 '을, -다' 따위.

빈칸 답 ❶훈민정음 ❷자음 ❸종성 ❹모아쓰기 ❺천지인 ❻상형 ❼합자 ❽표준 발음법 ❾이중 모음 ❿겹받침 ⓫접사 ⓬접미사 ⓭형태소 ⓮형식

17 3단계 문맥으로 소화하기

아래에서 빈칸에 알맞은 어휘를 〈보기〉에서 찾아 문맥에 맞게 쓰세요.

문법 필수 개념어(2)

┌ 보기 ┐

가획	상형	어근	자음	접사	종성	초성
합성	겹받침	단모음	아래아	접미사	천지인	형태소
모아쓰기	이중 모음	훈민정음	표준 발음법	풀어쓰기	한글 맞춤법	형식 형태소

01 [　　　　]을/를 더 작은 단위로 나누면 말이 가진 의미가 사라진다.

　　　　뜻을 가진 가장 작은 말의 단위.

02 '밥을 먹었다'에서 [　　　　]은/는 '을, -었-, -다'이다.

　　　　실질 형태소에 붙어 주로 말과 말 사이의 관계를 표시하는 형태소. 조사, 어미 등이 있음.

03 나는 모르는 단어의 [　　　　]을/를 보고 뜻을 추측해 보았다.

　　　　단어를 분석할 때, 실질적 의미를 나타내는 중심이 되는 부분.

04 '먹다'의 어간 '먹-'에 [　　　　]'-보'를 붙여 '먹보'라는 단어를 만들었다.

　　　　단독으로 쓰이지 않고 항상 다른 어근(語根)이나 단어에 붙어 새로운 단어를 구성하는 부분.

05 우리말은 접두사나 [　　　　]을/를 이용하여 얼마든지 다양한 의미를 만들 수 있다.

　　　　어근이나 단어의 뒤에 붙어 새로운 단어가 되게 하는 말.

06 한글에서 'ㄱ, ㄴ, ㄷ, ㄹ' 등은 [　　　　]이며 이들은 보통 모음과 합쳐져서 발음이 된
다.　　　　목, 입, 혀 등의 발음 기관에 의해 구강 통로가 좁아지거나
　　　　완전히 막히는 등의 장애를 받으며 나는 소리.

07 한글은 초성, 중성, [　　　　](으)로 이루어진 글자이다.

　　　　음절의 구성에서 마지막 소리인 자음. '감', '공'에서 'ㅁ', 'ㅇ' 따위.

08 세종 대왕은 백성 누구나 쉽게 글자를 익혀서 읽고 쓸 수 있게 하기 위해 [　　　　]
을/를 창제하였다.　　　　백성을 가르치는 바른 소리라는 뜻으로, 1443년에
　　　　세종이 창제한 우리나라 글자를 이르는 말.

09 '냐ㅏㅁㅜ'를 '나무'로 묶어서 쓰는 [   ] 방식은 읽기 편하고 의미가 쉽게 파악된

다는 장점이 있다.   한글 자모를 가로세로로 묶어서 쓰는 방식. 한글의 현행 자형 방식을 '풀어쓰기'에 상대하여 이르는 말.

10 [   ]은/는 현대 한국 표준어에서는 사용하지 않는다.

한글 옛 자모 'ㆍ'의 이름.

11 훈민정음의 모음자는 하늘, 땅, 사람, 즉 [   ]을/를 본떠서 만들어졌다.

우주의 주장이 되는 하늘과 땅과 사람을 통틀어 이르는 말.

12 기본 자음자 'ㄱ'은 혀뿌리가 목구멍을 막는 모양을 본뜬 [   ]의 원리로 만들어

졌다.   물체의 모습을 본떠서 글자를 만드는 방법.

13 모음자의 기본자를 합하여 그 외의 모음자를 만드는 방식을 [   ](이)라고 한다.

'ㅡ'와 'ㅣ'에 'ㆍ'를 합하여 'ㅗ, ㅏ, ㅜ, ㅓ'를 만들고, 이에 'ㆍ'를
한 번 더 합하여 'ㅛ, ㅑ, ㅠ, ㅕ'를 만듦.

표준어를 발음할 때 기준이 되는 발음상의 규칙과 규범.

14 [   ]은/는 표준어의 실제 발음을 따르되, 국어의 전통성과 합리성을 따름을 원

칙으로 한다.

15 'ㅑ, ㅒ, ㅕ, ㅖ, ㅘ, ㅙ, ㅛ, ㅝ, ㅞ, ㅠ, ㅢ'는 [   ](으)로 발음한다.

입술 모양이나 혀의 위치를 처음과 나중이 서로 달라지게 하여 내는 모음.

16 '넋'에서 [   ] 'ㄳ'은 [ㄱ]으로 발음한다.

서로 다른 두 개의 자음으로 이루어진 받침. 'ㄳ', 'ㄵ', 'ㄺ', 'ㄻ', 'ㄼ', 'ㄾ', 'ㅄ' 따위

• 맞힌 개수 (   ) / 16문항

12개 이상	다음 회차로 넘어가도 되겠어요!
8개 ~ 11개	[문맥으로 소화하기] 한 번만 더 읽고 갈까요?
7개 이하	전체를 복습하고 넘어가야겠어요.

교재 124~135쪽에서 공부한 어휘를 문제로 확인해 보세요.

[01~04] 다음 설명에 알맞은 언어의 특성을 〈보기〉에서 찾아 그 기호를 쓰시오.

> ● 보기 ●
> ㉠ 사회성   ㉡ 역사성   ㉢ 자의성   ㉣ 창조성

01 소리와 의미의 관계가 필연적이지 않은 특성. ➡ (   )

02 시간의 흐름에 따라 끊임없이 변화(생성, 성장, 소멸)하는 특성. ➡ (   )

03 이미 알고 있는 언어를 바탕으로 새로운 단어나 문장을 무한히 만들어 낼 수 있는 특성. ➡ (   )

04 소리와 의미의 관계가 사회적으로 약속된 것이어서 개인이 마음대로 바꿀 수 없는 특성. ➡ (   )

[05~13] 다음 설명에 해당하는 품사를 찾아 바르게 연결하시오.

05 사물의 이름을 나타내는 품사.   • ㉠ 명사

06 사물의 수량이나 순서를 나타내는 품사.   • ㉡ 대명사

07 사람이나 사물의 움직임을 나타내는 품사.   • ㉢ 수사

08 느낌이나 부름, 응답 등을 나타내는 말의 품사.   • ㉣ 조사

09 사람이나 사물의 성질이나 상태를 나타내는 품사.   • ㉤ 관형사

10 용언 또는 다른 말 앞에 놓여 그 뜻을 분명하게 하는 품사. • ㉥ 부사

11 체언 앞에 놓여서, 그 체언의 내용을 자세히 꾸며 주는 품사. • ㉦ 동사

12 사람이나 사물의 이름을 대신 나타내는 말들을 지칭하는 품사. • ㉧ 형용사

13 다른 말과의 문법적 관계를 표시하거나 그 말의 뜻을 도와주는 품사. • ㉨ 감탄사

[14~16] 다음 한글의 창제 원리에 해당하는 개념어와 그 뜻을 〈보기1〉과 〈보기2〉에서 찾아 그 기호를 쓰시오.

> ● 보기 1 ●
>
> ㉠ 가획　　　　㉡ 상형　　　　㉢ 합성　　　　㉣ 합자

> ● 보기 2 ●
>
> ⓐ 원글자에 획을 더함.
> ⓑ 물체의 모양을 본떠서 글자를 만드는 방법.
> ⓒ 자음자와 모음자를 합쳐서 음절 단위로 모아쓰는 한글의 표기 방식을 일컫는 말.
> ⓓ ㅡ와 ㅣ에 'ㆍ'를 합하여 'ㅗ, ㅏ, ㅜ, ㅓ'를 만들고, 이에 'ㆍ'를 한 번 더 합하여 'ㅛ, ㅑ, ㅠ, ㅕ'를 만듦.

14 한글 모음자는 기본자를 합하여 그 나머지 글자를 만들었다. ➡ (　　　　)

15 한글 자음자는 소리가 세짐에 따라 기본자에 획을 더하여 그 나머지 글자를 만들었다. ➡ (　　　　)

16 한글 자음자의 기본자는 발음 기관의 모양을, 모음자의 기본자는 천지인을 본떠서 만들었다. ➡ (　　　　)

[17~20] 다음 설명에 알맞은 개념어를 〈보기〉에서 찾아 그 기호를 쓰시오.

> ● 보기 ●
>
> ㉠ 어근　　㉡ 단모음　　㉢ 접미사　　㉣ 이중 모음　　㉤ 실질 형태소　　㉥ 형식 형태소

17 어근이나 단어의 뒤에 붙어 새로운 단어가 되게 하는 말. ➡ (　　　)

18 단어를 분석할 때, 실질적인 의미를 나타내는 중심이 되는 부분. ➡ (　　　)

19 주로 말과 말 사이의 관계를 표시하는 형태소. 조사, 어미 등이 있음. ➡ (　　　)

20 입술 모양이나 혀의 위치를 처음과 나중이 달라지게 하여 내는 모음. ➡ (　　　)

[21~23] 다음 설명에 해당하는 말을 찾아 바르게 연결하시오.

21 소리는 같으나 뜻이 다른 단어　　　　　　•　　　　　　　• ㉠ 외래어

22 외국에서 들어온 말로 국어에서 널리 쓰이는 단어.　•　　　　　• ㉡ 사회 방언

23 한 언어에서, 계층적으로 분화되어 직업, 연령, 성별　•　　　　　• ㉢ 동음이의어
　　 등에 따라 특징적으로 쓰는 말.

제한 시간: 3분

빈칸에 들어갈 알맞은 어휘에 ○표 하세요.

어법(1)

① **반드시** ｜ 이 과제물은 (   ) 기한 안에 제출해야 한다. ｜ **반듯이**

② **이따가** ｜ 바깥에 (   ) 안으로 들어오다. ｜ **있다가**

③ **로서** ｜ 친구(   ) 마땅히 해야 할 일을 하다. ｜ **로써**

④ **채** ｜ 남들이 걱정하지 않도록 괜찮은 (   )하다. ｜ **체**

⑤ **가르치다** ｜ 손으로 길 건너편을 (   ). ｜ **가리키다**

⑥ **늘이다** ｜ 고무줄을 힘껏 (   ). ｜ **늘리다**

⑦ **다르다** ｜ 우리는 형제지만 생김새가 많이 (   ). ｜ **틀리다**

너무 깊이 생각하지 말고,
빠르게 풀어 보자.

⑧ 대다   열이 나는지 확인하기 위해
이마에 손을 (   ).   데다

⑨ 띄다   얼굴에 홍조를 (   ).   띠다

⑩ 맞추다   시험 문제의 정답을 실수 없이 전부 (   ).   맞히다

⑪ 매다   신발 끈을 (   ).   메다

⑫ 부치다   친구에게 편지를 (   ).   붙이다

⑬ 좇다   경찰이 도둑을 (   ).   쫓다

⑭ 해치다   규칙을 어겨 질서를 (   ).   헤치다

18 **2단계**
꼼꼼히 확인하기

1단계 퀴즈의 정답은 아래에서 **초록색으로 표시**했습니다.
오답의 어휘와 뜻풀이까지 꼼꼼하게 확인해 보세요.

어법(1)

1 반 ㄷ ㅅ
틀림없이 꼭.
예 이 과제물은 반드시 기한 안에 제출해야 한다.

반듯이
비뚤어지거나 굽거나 흐트러지지 않고 바르게.
예 누군가가 벽에 등을 기대고 반듯이 앉아 있다.

2 ㅇ ㄸ 가
조금 지난 뒤에. 늑이따.
예 지금 버스 안이라 이따가 다시 전화할게.

있다가
어느 곳에서 떠나거나 벗어나지 않고 머물다가.
예 바깥에 있다가 안으로 들어오다.

😊 '이따가'는 부사이고, '있다가'는 '있다'에 연결 어미 '–다가'가 붙은 활용형이야.

3 로서
지위나 신분 또는 자격을 나타내는 격 조사.
예 친구로서 마땅히 해야 할 일을 하다.

로 ㅆ
재료나 원료, 수단이나 도구를 나타내는 격 조사.
예 대화로써 오해를 풀다.

4 ㅊ
이미 있는 상태 그대로 있다는 뜻을 나타내는 말.
예 물건이 파손된 채 배송되다.

체
그럴듯하게 꾸미는 거짓 태도나 모양. 늑척.
예 남들이 걱정하지 않도록 괜찮은 체하다.

5 가르치다
지식이나 기능, 이치 등을 깨닫게 하거나 익히게 하다.
예 선생님이 학생에게 문제 푸는 법을 가르치다.

가 ㄹ ㅋ 다
어떤 방향이나 대상을 집어서 보이거나 말하거나 알리다.
예 손으로 길 건너편을 가리키다.

6 늘 ㅇ 다
본디보다 더 길어지게 하다.
예 고무줄을 힘껏 늘이다.

늘리다
물체의 넓이, 부피 등을 본디보다 커지게 하다.
예 사각형의 넓이를 늘리다.

😊 수나 분량 등을 본디보다 많아지게 하거나, 재주나 능력 등을 나아지게 하거
나, 시간이나 기간을 길게 한다는 뜻으로도 쓰여.

7 다르다
비교가 되는 두 대상이 서로 같지 않다.
예 우리는 형제지만 생김새가 많이 다르다.

ㅌ ㄹ 다
셈이나 사실 등이 그르게 되거나 어긋나다.
예 다시 계산해 보았더니 수치가 틀리다.

😊 보통의 것보다 두드러진 데가 있다는 뜻도 있어.
예 고장난 물건을 단번에 고치다니 역시 전문가는 다르다.

⑧ ㄷ 다

무엇을 어디에 닿게 하다.
㉠ 열이 나는지 확인하기 위해 이마에 손을 대다.

데다

불이나 뜨거운 기운으로 말미암아 살이 상하다.
㉠ 뜨거운 물에 손을 데다.

☺ 몹시 놀라거나 심한 괴로움을 겪어 진저리가 난다는 뜻도 있어.
　㉠ 그는 사람에 데어 남을 잘 믿지 않는다.

⑨ ㄸ 다

'눈에 보이다.'를 뜻하는 '뜨이다'의 준말.
㉠ 산책로 곳곳에 휴지통이 눈에 띄다.

띠다

빛깔이나 색채 등을 가지다.
㉠ 얼굴에 홍조를 띠다.

☺ 용무나 직책 혹은 사명 등을 지니거나, 감정이나 기운 등을 나타내거나, 어떤
　성질을 가진다는 뜻으로도 쓰여.

⑩ 맞추다

서로 떨어져 있는 부분을 제자리에 맞게 대어 붙이다.
㉠ 떨어진 조각을 본래의 자리에 맞추다.

☺ 둘 이상의 일정한 대상들을 놓고 비교한다는 뜻도 있어.
　㉠ 친구의 답안지와 내 답안지를 맞추어 보았다.

맞 ㅎ 다

문제에 대한 답을 틀리지 않게 하다.
㉠ 시험 문제의 정답을 실수 없이 전부 맞히다.

⑪ 매다

끈이나 줄 등의 두 끝을 엇걸고 잡아당기어 풀어지지 않게 마
디를 만들다. ㉠ 신발 끈을 매다.

ㅁ 다

어깨에 걸치거나 올려놓다.
㉠ 어깨에 가방을 메다.

⑫ 부치다

물건 등을 일정한 방법을 써서 상대에게로 보내다.
㉠ 친구에게 편지를 부치다.

ㅂ ㅇ 다

맞닿아 떨어지지 않게 하다.
㉠ 벽에 경고문을 붙이다.

⑬ 좇다

목표, 이상, 행복 등을 추구하다.
㉠ 남에게 휘둘리지 않고 자신만의 꿈을 좇다.

ㅉ 다

어떤 대상을 잡거나 만나기 위하여 뒤를 급히 따르다.
㉠ 경찰이 도둑을 쫓다.

⑭ ㅎ 치다

어떤 상태에 손상을 입혀 망가지게 하다.
㉠ 규칙을 어겨 질서를 해치다.

헤치다

속에 든 물건을 드러나게 하려고 덮인 것을 파거나 젖히다.
㉠ 강아지가 구덩이를 헤치다.

빈칸 답 ❶드시 ❷이따 ❸써 ❹채 ❺리키 ❻이 ❼틀리 ❽대 ❾띄 ❿히 ⓫메 ⓬붙이 ⓭좇 ⓮해

① 통채로 　｜　수박을 자르지 않고 (　　　) 냉장고에 넣다.　｜　통째로

② 틈틈히 　｜　바쁜 시간을 쪼개 (　　　) 공부하다.　｜　틈틈이

③ 대가 　｜　물건에 대한 (　　　)를 지불하다.　｜　댓가

④ 며칠 　｜　(　　　) 동안 몸살로 앓아눕다.　｜　몇 일

⑤ 설렘 　｜　오랜만에 고향에 가려니 (　　　)이 앞서다.　｜　설레임

⑥ 역활 　｜　연극에서 학생 (　　　)을 맡다.　｜　역할

⑦ 만듬 　｜　벽을 두껍게 (　　　)으로써
종이 집을 더 튼튼하게 하다.　｜　만듦

너무 깊이 생각하지 말고,
빠르게 풀어 보자.

⑧ 할걸   시험이 이렇게 어려울 줄 알았으면
대비를 더 철저히 (   ).   할껄

⑨ 거예요   지금 출발하면 제시간에 도착할 (   ).   거에요

⑩ 걸맞는   명성에 (   ) 뛰어난 실력을 가지다.   걸맞은

⑪ 담구다   과일을 잠시 찬물에 (   ).   담그다

⑫ 삼가다   상대방을 불쾌하게 만드는 발언을 (   ).   삼가하다

⑬ 희안하다   아무리 찾아도 양말이 보이지 않으니 (   ).   희한하다

⑭ 염두하다   음식을 준비할 때 손님이 몇 명 올지를 (   ).   염두에 두다

1단계 퀴즈의 정답은 아래에서 **초록색으로 표시**했습니다.
도움말까지 꼼꼼하게 확인해 보세요.

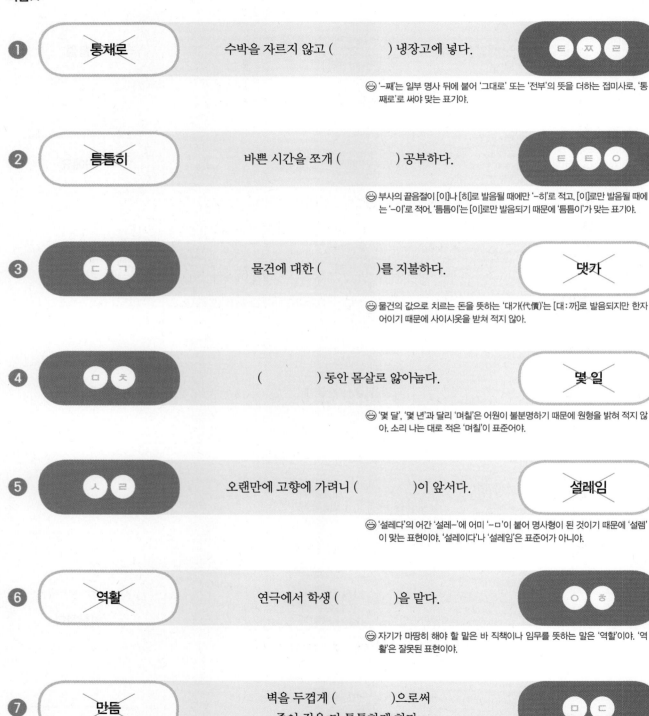

1 통채로

수박을 자르지 않고 (   ) 냉장고에 넣다.

ㅌ ㅉ ㄹ

😊 '-째'는 일부 명사 뒤에 붙어 '그대로' 또는 '전부'의 뜻을 더하는 접미사로, '통째로'로 써야 맞는 표기야.

2 틈틈히

바쁜 시간을 쪼개 (   ) 공부하다.

ㅌ ㅌ ㅇ

😊 부사의 끝음절이 [이]나 [히]로 발음될 때에만 '-히'로 적고, [이]로만 발음될 때에는 '-이'로 적어. '틈틈이'는 [이]로만 발음되기 때문에 '틈틈이'가 맞는 표기야.

3 ㄷ ㄱ

물건에 대한 (   )를 지불하다.

댓가

😊 물건의 값으로 치르는 돈을 뜻하는 '대가(代價)'는 [대:까]로 발음되지만 한자어이기 때문에 사이시옷을 받쳐 적지 않아.

4 ㅁ ㅊ

(   ) 동안 몸살로 앓아눕다.

몇 일

😊 '몇 달', '몇 년'과 달리 '며칠'은 어원이 불분명하기 때문에 원형을 밝혀 적지 않아. 소리 나는 대로 적은 '며칠'이 표준어야.

5 ㅅ ㄹ

오랜만에 고향에 가려니 (   )이 앞서다.

설레임

😊 '설레다'의 어간 '설레-'에 어미 '-ㅁ'이 붙어 명사형이 된 것이기 때문에 '설렘'이 맞는 표현이야. '설레이다'나 '설레임'은 표준어가 아니야.

6 역활

연극에서 학생 (   )을 맡다.

ㅇ ㅎ

😊 자기가 마땅히 해야 할 맡은 바 직책이나 임무를 뜻하는 말은 '역할'이야. '역활'은 잘못된 표현이야.

7 만듬

벽을 두껍게 (   )으로써
종이 집을 더 튼튼하게 하다.

ㅁ ㄷ

😊 'ㄹ' 받침으로 끝나는 용언의 명사형은 'ㄻ' 받침을 써.
예 갊(갈다), 베풂(베풀다), 삶(살다), 앎(알다), 줄어듦(줄어들다)

8 ㅎ ㄱ

시험이 이렇게 어려울 줄 알았으면
대비를 더 철저히 (   ). ~~할껄~~

😊 '-ㄹ걸'은 구어체로 쓰이는 종결 어미로, 가벼운 반박이나 감탄 또는 가벼운
뉘우침이나 아쉬움을 나타내. '-ㄹ껄'로 표기하는 것은 잘못된 표현이야.

9 ㄱ ㅇ ㅇ

지금 출발하면 제시간에 도착할 (   ). ~~거에요~~

😊 앞말에 받침이 없을 경우에는 '예요, 여요'를, 받침이 있을 경우에는 '이에요,
이어요'를 써. **예** 거예요 / 것이에요

10 ~~걸맞는~~

명성에 (   ) 뛰어난 실력을 가지다. ㄱ ㅁ ㅇ

😊 '걸맞다'는 형용사이기 때문에 어미 '-는'이 붙는 활용을 하지 않아. '걸맞은'이
맞는 표현이야.

11 ~~담구다~~

과일을 잠시 찬물에 (   ). ㄷ ㄱ ㄷ

😊 액체 속에 넣는다는 뜻을 가진 말은 '담그다'야. '담구다'는 잘못된 표현이야.
참고로, '담그다'는 '담가'로 활용하기 때문에 '담궈'도 잘못된 표현이야.

12 ㅅ ㄱ ㄷ

상대방을 불쾌하게 만드는 발언을 (   ). ~~삼가하다~~

😊 몸가짐이나 언행을 조심한다는 뜻을 가진 말은 '삼가다'야. '삼가하다'는 잘못
된 표현이야.

13 ~~희안하다~~

아무리 찾아도 양말이 보이지 않으니 (   ). ㅎ ㅎ ㅎ ㄷ

😊 매우 드물거나 신기하다는 뜻을 가진 말은 '희한하다'야. '희안하다'는 잘못된
표현이야.

14 ~~염두하다~~

음식을 준비할 때 손님이 몇 명 올지를 (   ). ㅇ ㄷ ㅇ ㄷ ㄷ

😊 '염두'는 '마음의 속.'을 뜻하는 말로, '-하다'가 결합하지 않아.

빈칸 답 ❶통째로 ❷틈틈이 ❸대가 ❹며칠 ❺설렘 ❻역할 ❼만듦 ❽할걸 ❾거예요 ❿걸맞은 ⓫담그다 ⓬삼가다 ⓭희한하다 ⓮염두에 두다

[01~05] 다음 문장의 괄호 안에 들어갈 알맞은 단어를 고르시오.

01 웬 젊은 남자가 기타만 (매고 / 메고) 찾아왔다.

02 날씨가 조금 쌀쌀해서 바닷물에 발만 (담가 / 담궈) 보았다.

03 후반부에 접어들자 시합이 더욱 열기를 (띄어 / 띠어) 갔다.

04 시험지가 늦게 배부되어 시험 시간을 10분 (늘였다 / 늘렸다).

05 선생님이 글자를 손으로 짚어 가며 학생들에게 공부를 (가르치고 / 가리키고) 있다.

06 다음 ㉠~㉢에 들어갈 말을 순서대로 가장 적절하게 묶은 것은?

> • 공연 규모에 (㉠) 음향 설비를 갖추어야 한다.
> • 오래된 건물이라 배관을 (㉡) 교체하는 수밖에 없다.
> • 바쁘더라도 (㉢) 모여 합주를 하더니 결국 공연까지 올리게 되었다.

① 걸맞은 통채로 틈틈이   ② 걸맞은 통째로 틈틈히   ③ 걸맞은 통째로 틈틈이

④ 걸맞는 통채로 틈틈히   ⑤ 걸맞는 통째로 틈틈히

[07~08] 주어진 뜻을 참고하여, 다음 예문의 괄호 안에 들어갈 단어를 〈보기〉의 글자들을 조합하여 만드시오.

> ● 보기 ●
>
> | 시 | 이 | 체 | 째 | 반 | 똑 | 듯 | 가 | 채 | 드 |

07 비뚤어지거나 굽거나 흐트러지지 않고 바르게.

예) 인기척을 느꼈는지 고양이가 몸을 (   ) 세우며 경계했다.

08 이미 있는 상태 그대로 있다는 뜻을 나타내는 말.

예) 누군가가 팔짱을 낀 (   ) 나를 기다리고 있었다.

V

관용 표현

①
각골난망
刻骨難忘

남에게 입은 은혜가 뼈에 새길 만큼 커서 잊히지 않음.

환골탈태
換骨奪胎

②
감탄고토
甘呑苦吐

귀가 솔깃하도록 남의 비위를 맞추거나
이로운 조건을 내세워 꾀는 말.

감언이설
甘言利說

③
개과천선
改過遷善

착한 일을 권장하고 악한 일을 징계함.

권선징악
勸善懲惡

④
결자해지
結者解之

자기가 저지른 일은 자기가 해결하여야 함.

회자정리
會者定離

⑤
구사일생
九死一生

의지할 곳이 없는 외로운 홀몸.

혈혈단신
孑孑單身

⑥
금상첨화
錦上添花

좋은 일 위에 또 좋은 일이 더하여짐.

설상가상
雪上加霜

⑦
노심초사
勞心焦思

몹시 마음을 쓰며 애를 태움.

허심탄회
虛心坦懷

⑧ 등화가친
燈火可親

서늘한 가을밤은 등불을 가까이 하여 글 읽기에 좋음.

풍전등화
風前燈火

⑨ 문전성시
門前成市

찾아온 사람을 들이지 않고 문 앞에서 모질게 대함.

문전박대
門前薄待

⑩ 반신반의
半信半疑

얼마쯤 믿으면서도 한편으로는 의심함.

전전반측
輾轉反側

⑪ 삼고초려
三顧草廬

인재를 맞아들이기 위하여 참을성 있게 노력함.

심사숙고
深思熟考

⑫ 상부상조
相扶相助

어려운 처지에 있는 사람끼리 서로 가엾게 여김.

동병상련
同病相憐

⑬ 소탐대실
小貪大失

작은 것을 탐하다가 큰 것을 잃음.

대동소이
大同小異

⑭ 시기상조
時機尚早

어떤 일을 하기에 아직 때가 이름.

시종일관
始終一貫

2단계
꼼꼼히 확인하기

1단계 퀴즈의 정답은 아래에서 **초록색으로** 표시했습니다.
오답의 어휘와 뜻풀이까지 꼼꼼하게 확인해 보세요.

한자성어(1)

① **각골난망** 새길 각 刻, 뼈 골 骨, 어려울 난 難, 잊을 망 忘

남에게 입은 은혜가 뼈에 새길 만큼 커서 잊히지 않음.

ㅎ ㄱ ㅌ ㅌ 바꿀 환 換, 뼈 골 骨, 빼앗을 탈 奪, 아이 밸 태 胎

뼈대를 바꾸어 끼고 태를 바꾸어 쓴다는 뜻으로, 사람이 보다 나은 방향으로 변하여 전혀 딴사람처럼 됨을 이름.

☺ 옛날 사람이 쓴 시문의 형식을 바꾸어서 그 짜임새와 수법이 먼저 것보다 잘되게 함을 이르는 표현으로 사용한 데서 유래해.

② **감탄고토** 달 감 甘, 삼킬 탄 呑, 쓸 고 苦, 토할 토 吐

달면 삼키고 쓰면 뱉는다는 뜻으로, 자신의 비위에 따라서 사리의 옳고 그름을 판단함을 이름.

ㄱ ㅇ ㅇ ㅅ 달 감 甘, 말씀 언 言, 이로울 이 利, 말씀 설 說

귀가 솔깃하도록 남의 비위를 맞추거나 이로운 조건을 내세워 꾀는 말.

③ ㄱ ㄱ ㅊ ㅅ 고칠 개 改, 지날 과 過, 옮길 천 遷, 착할 선 善

지난날의 잘못이나 허물을 고쳐 올바르고 착하게 됨.

권선징악 권할 권 勸, 착할 선 善, 혼낼 징 懲, 악할 악 惡

착한 일을 권장하고 악한 일을 징계함.

④ ㄱ ㅈ ㅎ ㅈ 맺을 결 結, 사람 자 者, 풀 해 解, 어조사 지 之

맺은 사람이 풀어야 한다는 뜻으로, 자기가 저지른 일은 자기가 해결하여야 함을 이름.

회자정리 모일 회 會, 사람 자 者, 정할 정 定, 떠날 리 離

만난 자는 반드시 헤어짐. 모든 것이 무상함을 나타내는 말.

참 **거자필반**(去者必返): 떠난 자는 반드시 돌아옴.

⑤ ㄱ ㅅ ㅇ ㅅ 아홉 구 九, 죽을 사 死, 하나 일 一, 날 생 生

아홉 번 죽을 뻔하다 한 번 살아난다는 뜻으로, 죽을 고비를 여러 차례 넘기고 겨우 살아남을 이름.

혈혈단신 외로울 혈 孑, 외로울 혈 孑, 홀 단 單, 몸 신 身

의지할 곳이 없는 외로운 홀몸.

유 **기사회생**(起死回生): 거의 죽을 뻔하다가 도로 살아남.

⑥ **금상첨화** 비단 금 錦, 위 상 上, 더할 첨 添, 꽃 화 花

비단 위에 꽃을 더한다는 뜻으로, 좋은 일 위에 또 좋은 일이 더하여짐을 이름. ◀

ㅅ ㅅ ㄱ ㅅ 눈 설 雪, 위 상 上, 더할 가 加, 서리 상 霜

눈 위에 서리가 덮인다는 뜻으로, 난처한 일이나 불행한 일이 잇따라 일어남을 이름.

☺ 의미가 비슷한 관용구로 '엎친 데 덮치다'가 있어.

⑦ ㄴ ㅅ ㅊ ㅅ 수고로울 노 勞, 마음 심 心, 탈 초 焦, 생각 사 思

몹시 마음을 쓰며 애를 태움.

허심탄회 빌 허 虛, 마음 심 心, 평평할 탄 坦, 품을 회 懷

품은 생각을 터놓고 말할 만큼 아무 거리낌이 없고 솔직함.

8 **등화가친** 등잔 등 燈, 불 화 火, 옳을 가 可, 친할 친 親

등불을 가까이할 만하다는 뜻으로, 서늘한 가을밤은 등불을 가까이 하여 글 읽기에 좋음을 이름.

[참] 천고마비(天高馬肥): 하늘이 높고 말이 살찐다는 뜻으로, 하늘이 맑아 푸르게 보이고 온갖 곡식이 익는 가을철을 이름.

ㅍ ㅈ ㄷ ㅎ 바람 풍 風, 앞 전 前, 등잔 등 燈, 불 화 火

바람 앞의 등불이라는 뜻으로, 사물이 매우 위태로운 처지에 놓여 있음을 이름.

[유] 누란지세(累卵之勢): 층층이 쌓아 놓은 알의 형세라는 뜻으로, 몹시 위태로운 형세를 이름.

9 ㅁ ㅈ ㅅ ㅅ 문 문 門, 앞 전 前, 이룰 성 成, 시장 시 市

찾아오는 사람이 많아 집 문 앞이 시장을 이루다시피 함.

문전박대 문 문 門, 앞 전 前, 얇을 박 薄, 기다릴 대 待

찾아온 사람을 들이지 않고 문 앞에서 모질게 대함.

10 ㅂ ㅅ ㅂ ㅇ 반 반 半, 믿을 신 信, 반 반 半, 의심할 의 疑

얼마쯤 믿으면서도 한편으로는 의심함.

전전반측 돌아누울 전 輾, 구를 전 轉, 뒤집을 반 反, 곁 측 側

누워서 몸을 이리저리 뒤척이며 잠을 이루지 못함.

[참] 오매불망(寤寐不忘): 자나 깨나 잊지 못함.

11 **삼고초려** 석 삼 三, 돌아볼 고 顧, 풀 초 草, 오두막집 려 廬

인재를 맞아들이기 위하여 참을성 있게 노력함.

☺ 촉한의 유비가 뛰어난 인재인 제갈량을 맞아들이기 위해 제갈량의 집으로 세 번이나 찾아간 데서 유래해.

ㅅ ㅅ ㅅ ㄱ 깊을 심 深, 생각 사 思, 익을 숙 熟, 생각할 고 考

깊이 잘 생각함.

12 **상부상조** 서로 상 相, 도울 부 扶, 서로 상 相, 도울 조 助

서로서로 도움.

☺ 조선시대 향촌의 자치 규약인 '향약'이 목표하는 바가 '상부상조'였어. 이웃끼리 일을 돕는 풍습을 이를 때 많이 쓰여.

ㄷ ㅂ ㅅ ㄹ 같을 동 同, 병들 병 病, 서로 상 相, 불쌍히 여길 련 憐

같은 병을 앓는 사람끼리 서로 가엾게 여긴다는 뜻으로, 어려운 처지에 있는 사람끼리 서로 가엾게 여김을 이름.

13 **소탐대실** 작을 소 小, 탐할 탐 貪, 큰 대 大, 잃을 실 失

작은 것을 탐하다가 큰 것을 잃음.

[참] 교각살우(矯角殺牛): 소의 뿔을 바로잡으려다가 소를 죽인다는 뜻으로, 잘못된 점을 고치려다가 그 방법이나 정도가 지나쳐 오히려 일을 그르침을 이름.

ㄷ ㄷ ㅅ ㅇ 큰 대 大, 같을 동 同, 작을 소 小, 다를 이 異

큰 차이 없이 거의 같음.

[유] 오십보백보(五十步百步): 조금 낫고 못한 정도의 차이는 있으나 본질적으로는 차이가 없음.

14 **시기상조** 때 시 時, 틀 기 機, 오히려 상 尚, 일찍 조 早

어떤 일을 하기에 아직 때가 이름.

ㅅ ㅈ ㅇ ㄱ 비로소 시 始, 마칠 종 終, 하나 일 一, 꿸 관 貫

일 등을 처음부터 끝까지 한결같이 함.

빈칸 답 ❶환골탈태 ❷감언이설 ❸개과천선 ❹결자해지 ❺구사일생 ❻설상가상 ❼노심초사 ❽풍전등화 ❾문전성시 ❿반신반의 ⓫심사숙고 ⓬동병상련 ⓭대동소이 ⓮시종일관

┌ 보기 ┐

감언이설	개과천선	결자해지	구사일생	권선징악	금상첨화	대동소이
동병상련	등화가친	문전성시	반신반의	삼고초려	설상가상	소탐대실
시기상조	시종일관	풍전등화	허심탄회	혈혈단신	환골탈태	회자정리

01 비가 많이 오는데 [   ](으)로 자동차 바퀴까지 웅덩이에 빠져 지각할 것 같다.

눈 위에 서리가 덮인다는 뜻으로, 난처한 일이나 불행한 일이 잇따라 일어남을 이름.

02 무작정 상경한 처지가 같아 [   ]을/를 느낀 두 사람은 서로에게 의지했다.

같은 병을 앓는 사람끼리 서로 가엾게 여긴다는 뜻으로, 어려운 처지에 있는 사람끼리 서로 가엾게 여김을 이름.

03 파격적인 조건을 제안하자 사람들이 [   ]하는 표정을 지었다.

얼마쯤 믿으면서도 한편으로는 의심함.

04 눈앞의 이익에 매달리느라 [   ]하지 않도록 멀리 보는 자세가 필요하다.

작은 것을 탐하다가 큰 것을 잃음.

05 음식 맛도 훌륭한데 주변 경관까지 뛰어나니 [   ]이다.

비단 위에 꽃을 더한다는 뜻으로, 좋은 일 위에 또 좋은 일이 더하여짐을 이름.

06 혼자 속으로 앓던 것을 친구에게 [   ]하게 털어놓으니 마음이 편해졌다.

품은 생각을 터놓고 말할 만큼 아무 거리낌이 없고 솔직함.

07 [   ]의 계절을 맞아 책을 열심히 읽어 보기로 마음먹었다.

등불을 가까이할 만하다는 뜻으로, 서늘한 가을밤은 등불을 가까이 하여 글 읽기에 좋음을 이름.

08 그는 큰돈을 벌게 해 주겠다는 [   ]에 넘어가지 않고 소신을 지켰다.

귀가 솔깃하도록 남의 비위를 맞추거나 이로운 조건을 내세워 꾀는 말.

09 착한 인물은 보상을 얻고 못된 인물은 벌을 받은 것으로 보아 이 소설은 ☐☐☐☐의 교훈을 전하고 있다.

착한 일을 권장하고 악한 일을 징계함.

10 현재까지 참가자들의 점수가 ☐☐☐☐해서 최종 우승자를 예측하기 어렵다.

큰 차이 없이 거의 같음.

11 무인도에서 표류하다가 ☐☐☐☐(으)로 살아남은 사람을 소재로 한 영화를 보았다.

아홉 번 죽을 뻔하다 한 번 살아난다는 뜻으로, 죽을 고비를 여러 차례 넘기고 겨우 살아남을 이름.

12 새로 생긴 식당이 음식 맛이 좋다더니 날마다 ☐☐☐☐을/를 이루고 있다.

찾아오는 사람이 많아 집 문 앞이 시장을 이루다시피 함.

13 시작한 지 얼마 되지 않은 시점에서 사업의 성패를 가늠하는 것은 ☐☐☐☐이다.

어떤 일을 하기에 아직 때가 이름.

14 대표가 ☐☐☐☐ 끝에 회사로 모셔 온 전문가에게 직원들이 거는 기대가 크다.

인재를 맞아들이기 위하여 참을성 있게 노력함.

"내가 제갈공명 같은 사람을 추천할 테니 임금께 아뢰어 ○○○○하시게 할 수 있겠소?"
– 박지원, 〈허생전〉

15 그녀는 의지할 가족도 없이 ☐☐☐☐(으)로 한국에 건너왔다.

의지할 곳이 없는 외로운 홀몸.

16 ☐☐☐☐(이)라고 일을 시작한 사람이 이 사태를 책임지고 해결해야 한다.

맺은 사람이 풀어야 한다는 뜻으로, 자기가 저지른 일은 자기가 해결하여야 함을 이름.

• 맞힌 개수 (   ) / 16문항

12개 이상	다음 회차로 넘어가도 되겠어요!
8개 ~ 11개	[문맥으로 소화하기] 한 번만 더 읽고 갈까요?
7개 이하	전체를 복습하고 넘어가야겠어요.

1단계
빠르게 체크하기

⏰ 제한 시간: 3분

아래에서 가운데에 풀이된 뜻에 해당하는 어휘를 골라 ○표 하세요.

❶ 우이독경 牛耳讀經 · 어려운 여건 속에서도 꿋꿋이 공부함. · 주경야독 晝耕夜讀

❷ 유유상종 類類相從 · 속세를 떠나 아무 속박 없이 조용하고 편안하게 삶. · 유유자적 悠悠自適

❸ 이심전심 以心傳心 · 마음과 마음으로 서로 뜻이 통함. · 측은지심 惻隱之心

❹ 이전투구 泥田鬪狗 · 자기의 이익을 위하여 비열하게 다툼. · 전력투구 全力投球

❺ 일거양득 一擧兩得 · 한 가지 일을 하여 두 가지 이익을 얻음. · 자업자득 自業自得

❻ 자초지종 自初至終 · 처음부터 끝까지의 과정. · 금시초문 今時初聞

❼ 자포자기 自暴自棄 · 자기가 한 일을 스스로 자랑함. · 자화자찬 自畵自讚

⑧ **전광석화**
電光石火

매우 짧은 시간이나 매우 재빠른 움직임.

전화위복
轉禍爲福

⑨ **좌불안석**
坐不安席

마음이 불안하거나 걱정스러워서
한군데에 가만히 앉아 있지 못하고 안절부절못하는 모양.

좌고우면
左顧右眄

⑩ **진퇴양난**
進退兩難

아무에게도 도움을 받지 못하는 어려운 상황이나 형편.

사면초가
四面楚歌

⑪ **천차만별**
千差萬別

여러 가지 사물이 모두 차이가 있고 구별이 있음.

천방지축
天方地軸

⑫ **청출어람**
青出於藍

나날이 다달이 자라거나 발전함.

일취월장
日就月將

⑬ **타산지석**
他山之石

자기에게만 이롭게 되도록 생각하거나 행동함.

아전인수
我田引水

⑭ **파죽지세**
破竹之勢

어떤 일이 한때에 많이 생겨남.

우후죽순
雨後竹筍

2단계
꼼꼼히 확인하기

1단계 퀴즈의 정답은 아래에서 **초록색으로 표시**했습니다.
오답의 어휘와 뜻풀이까지 꼼꼼하게 확인해 보세요.

한자성어(2)

① ○ ○ ㄷ ㄱ   소 우 牛, 귀 이 耳, 읽을 독 讀, 경서 경 經

쇠귀에 경 읽기라는 뜻으로, 아무리 가르치고 일러 주어도 알아듣지 못함을 이름.

참 마이동풍(馬耳東風): 동풍이 말의 귀를 스쳐 간다는 뜻으로, 남의 말을 귀담아 듣지 않고 지나쳐 흘려버림을 이름.

② ○ ○ ㅅ ㅈ   무리 유 類, 무리 유 類, 서로 상 相, 좇을 종 從

같은 무리끼리 서로 사귐.

속 가재는 게 편이요 초록은 한 빛이라: 모양이나 형편이 서로 비슷하고 인연이 있는 것끼리 서로 잘 어울림.

③ 이심전심   써 이 以, 마음 심 心, 전할 전 傳, 마음 심 心

마음과 마음으로 서로 뜻이 통함.

☺ 원래는 석가가 제자에게 마음으로 불교의 법통을 전하는 것을 이르는 말이었어.

④ ○ ㅈ ㅌ ㄱ   진흙 이 泥, 밭 전 田, 싸움 투 鬪, 개 구 狗

진흙탕에서 싸우는 개라는 뜻으로, 자기의 이익을 위하여 비열하게 다툼을 이름.

⑤ 일거양득   하나 일 一, 들 거 擧, 두 양 兩, 얻을 득 得

한 가지 일을 하여 두 가지 이익을 얻음.

유 일석이조(一石二鳥): 돌 한 개를 던져 새 두 마리를 잡는다는 뜻으로, 동시에 두 가지 이득을 봄을 이름.

⑥ ㅈ ㅊ ㅈ ㅈ   부터 자 自, 처음 초 初, 이를 지 至, 마칠 종 終

처음부터 끝까지의 과정.

⑦ ㅈ ㅍ ㅈ ㄱ   스스로 자 自, 사나울 포 暴, 스스로 자 自, 버릴 기 棄

절망에 빠져 자신을 스스로 포기하고 돌아보지 않음.

주경야독   낮 주 晝, 밭 갈 경 耕, 밤 야 夜, 읽을 독 讀

낮에는 농사짓고 밤에는 글을 읽는다는 뜻으로, 어려운 여건 속에서도 꿋꿋이 공부함을 이름.

참 형설지공(螢雪之功): 반딧불·눈과 함께 하는 노력이라는 뜻으로, 고생을 하면서 부지런하고 꾸준하게 공부하는 자세를 이름.

유유자적   멀 유 悠, 멀 유 悠, 스스로 자 自, 갈 적 適

속세를 떠나 아무 속박 없이 조용하고 편안하게 삶.

⑧ ㅊ ○ ㅈ ㅅ   슬퍼할 측 惻, 가엾어 할 은 隱, 어조사 지 之, 마음 심 心

사단(四端)의 하나로, 불쌍히 여기는 마음을 이름.

☺ '사단'은 사람의 본성에서 우러나오는 네 가지 마음을 뜻해. 나머지 세 가지는 '사양지심(辭讓之心)', '수오지심(羞惡之心)', '시비지심(是非之心)'이야.

전력투구   온전할 전 全, 힘 력 力, 던질 투 投, 공 구 球

모든 힘을 다 기울임.

⑨ ㅈ ○ ㅈ ㄷ   스스로 자 自, 업 업 業, 스스로 자 自, 얻을 득 得

자기가 저지른 일의 결과를 자기가 받음.

참 자승자박(自繩自縛): 자기 줄로 자기를 옭아 묶는다는 뜻으로, 자기가 한 말과 행동에 의해 자기 자신이 곤란해짐을 이름.

금시초문   이제 금 今, 때 시 時, 처음 초 初, 들을 문 聞

바로 지금 처음으로 들음.

자화자찬   스스로 자 自, 그림 화 畫, 스스로 자 自, 기릴 찬 讚

자기가 그린 그림을 스스로 칭찬한다는 뜻으로, 자기가 한 일을 스스로 자랑함을 이름.

⑧ 전광석화 번개 전 電, 빛 광 光, 돌 석 石, 불 화 火

번갯불이나 부싯돌의 불이 번쩍거리는 것과 같이 매우 짧은 시간이나 매우 재빠른 움직임 등을 이름.

ㅈ ㅎ ㅇ ㅂ 바꿀 전 轉, 재앙 화 禍, 될 위 爲, 복 복 福

재앙과 근심, 걱정이 바뀌어 오히려 복이 됨.

참 새옹지마(塞翁之馬): 인생의 길흉화복은 변화가 많아서 예측하기가 어려움.

⑨ ㅈ ㅂ ㅇ ㅅ 앉을 좌 坐, 아닐 불 不, 편안할 안 安, 자리 석 席

마음이 불안하거나 걱정스러워서 한군데에 가만히 앉아 있지 못하고 안절부절못하는 모양.

좌고우면 왼쪽 좌 左, 돌아볼 고 顧, 오른쪽 우 右, 곁눈질할 면 眄

이쪽저쪽을 돌아본다는 뜻으로, 앞뒤를 재고 망설임을 이름.

⑩ ㅈ ㅌ ㅇ ㄴ 나아갈 진 進, 물러날 퇴 退, 두 양 兩, 어려울 난 難

이러지도 저러지도 못하는 어려운 처지.

사면초가 넉 사 四, 낯 면 面, 초나라 초 楚, 노래 가 歌

아무에게도 도움을 받지 못하는 어려운 상황이나 형편.

☺ 초나라 항우가 사면을 둘러싼 한나라 군사 쪽에서 초나라의 노랫소리를 듣고 초나라가 이미 항복한 줄 알고 놀란 데서 유래해.

⑪ ㅊ ㅊ ㅁ ㅂ 일천 천 千, 다를 차 差, 일만 만 萬, 다를 별 別

여러 가지 사물이 모두 차이가 있고 구별이 있음.

천방지축 하늘 천 天, 모 방 方, 땅 지 地, 굴대 축 軸

① 못난 사람이 종잡을 수 없이 덤벙이는 일. 또는 그런 모양.
② 너무 급하여 허둥지둥 함부로 날뜀. 또는 그런 모양.

⑫ ㅊ ㅊ ㅇ ㄹ 푸를 청 靑, 날 출 出, 어조사 어 於, 쪽 람 藍

쪽에서 뽑아낸 푸른 물감이 쪽보다 더 푸르다는 뜻으로, 제자나 후배가 스승이나 선배보다 나음을 이름.

참 후생가외(後生可畏): 젊은 후학들을 두려워할 만하다는 뜻으로, 후진들이 학문을 닦음에 따라 큰 인물이 될 수 있으므로 가히 두려움을 이름.

일취월장 날 일 日, 나아갈 취 就, 달 월 月, 장차 장 將

나날이 다달이 자라거나 발전함.

참 괄목상대(刮目相對): 눈을 비비고 상대편을 본다는 뜻으로, 남의 학식이나 재주가 놀랄 만큼 늘음을 이름.

⑬ 타산지석 다를 타 他, 산 산 山, 어조사 지 之, 돌 석 石

본이 되지 않은 남의 말이나 행동도 자신의 지식과 인격을 수양하는 데에 도움이 될 수 있음.

☺ 다른 산의 나쁜 돌이라도 자기 산의 옥돌을 가는 데에 쓸 수 있다고 한 데서 유래해.

ㅇ ㅈ ㅇ ㅅ 나 아 我, 밭 전 田, 끌 인 引, 물 수 水

자기 논에 물 대기라는 뜻으로, 자기에게만 이롭게 되도록 생각하거나 행동함을 이름.

반 역지사지(易地思之): 처지를 바꾸어서 생각하여 봄.

⑭ ㅍ ㅈ ㅈ ㅅ 깨뜨릴 파 破, 대나무 죽 竹, 어조사 지 之, 기세 세 勢

대를 쪼개는 기세라는 뜻으로, 적을 거침없이 물리치고 쳐들어가는 기세를 이름.

우후죽순 비 우 雨, 뒤 후 後, 대나무 죽 竹, 죽순 순 筍

비가 온 뒤에 여기저기 솟는 죽순이라는 뜻으로, 어떤 일이 한때에 많이 생겨남을 이름.

빈칸 답 ❶우이독경 ❷유유상종 ❸측은지심 ❹이전투구 ❺자업자득 ❻자초지종 ❼자포자기 ❽전화위복 ❾좌불안석 ❿진퇴양난 ⓫천차만별 ⓬청출어람 ⓭아전인수 ⓮파죽지세

아래에서 빈칸에 알맞은 어휘를 <보기>에서 찾아 쓰세요.

보기

금시초문	사면초가	우이독경	우후죽순	유유자적	이전투구	일거양득
일취월장	자업자득	자초지종	자포자기	자화자찬	전광석화	좌고우면
좌불안석	주경야독	천방지축	천차만별	청출어람	측은지심	파죽지세

01 새로운 훈련 방식을 도입하자 팀원들의 실력이 날로 [ ]했다.
나날이 다달이 자라거나 발전함.

02 학교에 늦게 된 [ ]을/를 설명했더니 선생님께서 이번만 넘어가 주겠다고 하셨다.
처음부터 끝까지의 과정.

03 가게 운영이 어려워지자 상인들은 [ ]의 심정으로 물건을 헐값에 내놓았다.
절망에 빠져 자신을 스스로 포기하고 돌아보지 않음.

04 대표 선수의 [ ]와/과 같은 움직임에 모두가 감탄했다.
번갯불이나 부싯돌의 불이 번쩍거리는 것과 같이 매우 짧은 시간이나 매우 재빠른 움직임 등을 이름.

05 밤낮으로 고생하는 친구의 모습을 보니 [ ]이/가 들었다.
사단(四端)의 하나로, 불쌍히 여기는 마음을 이름.

▶ 다치거나 병들어 아파하는 동물이 있으면 이를 바라보는 사람도 마음 아파한다. ○○○○의 비밀은 바로 '거울 뉴런'에 있다.
– 국어 3-1

06 그는 자신의 작품이 최고의 걸작이라며 [ ]했다.
자기가 그린 그림을 스스로 칭찬한다는 뜻으로, 자기가 한 일을 스스로 자랑함을 이름.

07 그녀는 발표 시간이 다가오자 좀체 집중하지 못하고 [ ]했다.
마음이 불안하거나 걱정스러워서 한군데에 가만히 앉아 있지 못하고 안절부절못하는 모양.

너무 긴장해서 가만히 앉아 있기를 못하겠네!
대기석

08 우리는 현재 적에게 포위되어 지원군도 접근하지 못하는 [ ]상태에 처했다.
아무에게도 도움을 받지 못하는 어려운 상황이나 형편.

09 그녀는 직장을 다니면서 ☐☐☐☐ 하여 학업을 마쳤다.

낮에는 농사짓고 밤에는 글을 읽는다는 뜻으로, 어려운 여건 속에서도 꿋꿋이 공부함을 이름.

10 그는 도시를 떠나 자연 속에서 ☐☐☐☐ 하는 삶을 꿈꾸었다.

속세를 떠나 아무 속박 없이 조용하고 편안하게 삶.

11 학생들이 ☐☐☐☐ (으)로 복도에서 뛰어다니다가 사고라도 날까 봐 걱정이다.

① 못난 사람이 종작없이 덤벙이는 일. 또는 그런 모양.
② 너무 급하여 허둥지둥 함부로 날뜀. 또는 그런 모양.

12 같은 물건이지만 판매처에 따라 가격이 ☐☐☐☐ 이다.

여러 가지 사물이 모두 차이가 있고 구별이 있음.

13 방송에 소개된 식당이 화제가 되자, 비슷한 가게가 ☐☐☐☐ (으)로 생겨나고 있다.

비가 온 뒤에 여기저기 솟는 죽순이라는 뜻으로, 어떤 일이 한때에 많이 생겨남을 이름.

14 갈등이 극에 치닫자 서로 비방하며 싸우는 꼴이 ☐☐☐☐ (이)나 다름없다.

진흙탕에서 싸우는 개라는 뜻으로, 자신의 이익을 위하여 비열하게 다툼을 이름.

> 레드 오션에서는 수많은 어종이 생존의 ○○○○를 벌이는 반면, 블루 오션은 그럴 필요가 없다.
> – 국어 3–1

15 공부를 미루다가 결국 벼락치기를 하게 되었으니 ☐☐☐☐ 이다.

자기가 저지른 일의 결과를 자기가 받음.

대를 쪼개는 기세라는 뜻으로, 적을 거침없이 물리치고 쳐들어가는 기세를 이름.

16 우리 팀은 예선에서 지난해 우승 팀을 이기고 ☐☐☐☐ (으)로 결승까지 진출했다.

• 맞힌 개수 ( ) / 16문항

12개 이상	다음 회차로 넘어가도 되겠어요!
8개 ~11개	[문맥으로 소화하기] 한 번만 더 읽고 갈까요?
7개 이하	전체를 복습하고 넘어가야겠어요.

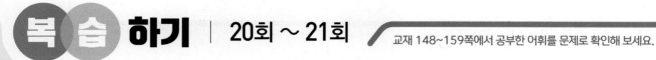

[01~03] 다음 괄호 안에 들어갈 알맞은 단어를 〈보기〉에서 찾아 단어의 뜻을 완성하시오.

> ● 보기 ●
>
> 비위   한   소원   비밀   재물   잠   인재

01 삼고초려: (   )을/를 맞아들이기 위하여 참을성 있게 노력함.

02 전전반측: 누워서 몸을 이리저리 뒤척이며 (   )을/를 이루지 못함.

03 감언이설: 귀가 솔깃하도록 남의 (   )을/를 맞추거나 이로운 조건을 내세워 꾀는 말.

04 다음 ㉠~㉢에 들어갈 말을 순서대로 가장 적절하게 묶은 것은?

> • 날이 어두워지기 시작했는데 (㉠)(으)로 전기까지 나갔다.
> • 제품의 성능은 (㉡)한데도 상표에 따라 판매가는 제각각이다.
> • 현장 상황은 (㉢)와/과 같은데, 책임자는 원칙만 고집하고 있다니 답답하다.

① 설상가상 대동소이 등화가친
② 금상첨화 대동소이 등화가친
③ 설상가상 소탐대실 풍전등화
④ 금상첨화 소탐대실 풍전등화
⑤ 설상가상 대동소이 풍전등화

05 제시된 뜻풀이를 참고하여 다음 십자말풀이를 완성하시오.

가로 열쇠

1. 같은 병을 앓는 사람끼리 서로 가엾게 여긴다는 뜻으로, 어려운 처지에 있는 사람끼리 서로 가엾게 여김을 이름.
2. 어떤 일을 하기에 아직 때가 이름.
3. 몹시 마음을 쓰며 애를 태움.

세로 열쇠

2. 일 등을 처음부터 끝까지 한결같이 함.
4. 서로서로 도움.
5. 품은 생각을 터놓고 말할 만큼 아무 거리낌이 없고 솔직함.
6. 깊이 잘 생각함.

[06~07] 다음 문장의 괄호 안에 들어갈 알맞은 단어를 고르시오.

06 그들은 앞선 팀의 실패 사례를 (   ) 삼아 대비책을 준비해야겠다고 다짐했다.

① 아전인수   ② 이심전심   ③ 일취월장   ④ 자화자찬   ⑤ 타산지석

07 그 학생은 부상 때문에 운동을 포기한 것이 (   )이 되어 더 적성에 맞는 길을 찾았다.

① 유유상종   ② 자업자득   ③ 전화위복   ④ 좌불안석   ⑤ 진퇴양난

08 괄호 안에 공통으로 들어갈 단어로 알맞은 것은?

> • 나는 매사 꼼꼼하지 못하고 (   )(이)라 실수가 잦다.
> • 강아지가 천둥소리를 듣고 깜짝 놀라 (   )(으)로 날뛰었다.

① 사면초가   ② 자포자기   ③ 전광석화   ④ 천방지축   ⑤ 파죽지세

[09~12] 사다리타기에 따라, 빈칸에 들어갈 단어의 뜻을 〈보기〉에서 골라 그 기호를 쓰시오.

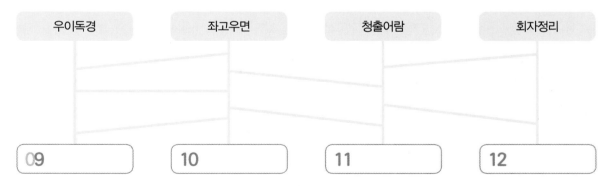

| 우이독경 | 좌고우면 | 청출어람 | 회자정리 |

09   **10**   **11**   **12**

보기
> ㉠ 만난 자는 반드시 헤어짐. 모든 것이 무상함을 나타내는 말.
> ㉡ 이쪽저쪽을 돌아본다는 뜻으로, 앞뒤를 재고 망설임을 이름.
> ㉢ 쇠귀에 경 읽기라는 뜻으로, 아무리 가르치고 일러 주어도 알아듣지 못함을 이름.
> ㉣ 쪽에서 뽑아낸 푸른 물감이 쪽보다 더 푸르다는 뜻으로, 제자나 후배가 스승이나 선배보다 나음을 이름.

① 눈을 붙이고   피곤해서 소파에서 잠깐 (   ) 왔다.   눈을 돌리고

② 코가 납작해졌다   경기에서 진 뒤로 (   ).   코가 높아졌다

③ 입을 모아   거짓말을 들키지 않기 위해 미리 (   ) 놓았다.   입을 맞춰

④ 혀를 차며   그의 뛰어난 언변에 모두가 (   ) 감탄했다.   혀를 내두르며

⑤ 귀가 따갑다   누가 내 욕을 하는지 (   ).   귀가 가렵다

⑥ 머리를 굴려   (   ) 보았지만 대책이 떠오르지 않는다.   머리를 긁어

⑦ 무릎을 쳤다   기발한 생각이 떠올라서 (   ).   무릎을 꿇었다

⑧ 손이 커서 / 나는 (　　　) 음식을 한 번에 많이 만든다. / 손이 매워서

⑨ 발이 빨라 / 그는 (　　　) 다양한 분야의 사람들과 친분이 있다. / 발이 넓어

⑩ 배가 아프다 / 아는 사람이 손쉽게 큰돈을 번 것 같아 (　　　). / 배가 등에 붙다

⑪ 엉덩이가 무겁다 / 집에만 있었더니 외출하고 싶어 (　　　). / 엉덩이가 근질근질하다

⑫ 뼈를 깎는 / (　　　) 노력 끝에 합격할 수 있었다. / 뼈를 묻는

⑬ 침이 마르게 / 요리가 완성되기를 (　　　) 기다리고 있다. / 침을 삼키며

⑭ 등을 돌렸다 / 사람들이 내가 그 일의 적임자라며 (　　　). / 등을 떠밀었다

2단계
꼼꼼히 확인하기

1단계 퀴즈의 정답은 아래에서 **초록색으로 표시**했습니다.
오답의 어휘와 뜻풀이까지 꼼꼼하게 확인해 보세요.

관용어(1)

① 눈을 ㅂ ㅇ 다

잠을 자다.
예 피곤해서 소파에서 잠깐 눈을 붙이고 왔다.

눈을 돌리다

관심을 돌리다.
예 사업 확장을 위해 세계 시장으로 눈을 돌렸다.

☺ '눈'과 관련된 다른 관용어로는, 하는 것이 거슬려 보기에 아니꼽다는 의미를
나타내는 '눈이 시다'가 있어.

② 코가 납작해지다

몹시 무안을 당하거나 기가 죽어 위신이 뚝 떨어지다.
예 경기에서 진 뒤로 코가 납작해졌다.

코가 ㄴ 다

잘난 체하고 뽐내는 기세가 있다.
예 그 사람은 코가 높아 남들을 습관적으로 무시한다.

☺ '코'와 관련된 다른 관용어로는, 약점이 잡히다는 의미를 나타내는 '코가 꿰이
다'가 있어.

③ 입을 모으다

여러 사람이 같은 의견을 말하다.
예 그의 됨됨이에 대해 사람들이 입을 모아 칭찬했다.

입을 ㅁ ㅊ 다

서로의 말이 일치하도록 하다.
예 거짓말을 들키지 않기 위해 미리 입을 맞춰 놓았다.

④ 혀를 ㅊ 다

마음이 언짢거나 유감의 뜻을 나타내다. 늑혀끝을 차다.
예 어질러진 방을 보고 어른들이 혀를 찼다.

혀를 내두르다

몹시 놀라거나 어이없어서 말을 못 하다.
예 그의 뛰어난 언변에 모두가 혀를 내두르며 감탄했다.

⑤ 귀가 따갑다

소리가 날카롭고 커서 듣기에 괴롭다.
예 옆 사람이 너무 큰 소리로 통화해서 귀가 따갑다.

귀가 ㄱ ㄹ 다

남이 제 말을 한다고 느끼다.
예 누가 내 욕을 하는지 귀가 가렵다.

☺ '귀'와 관련된 다른 관용어로는, 남의 이야기나 의견에 관심을 가지고 주의 깊
게 듣는다는 의미를 나타내는 '귀를 기울이다'가 있어.

☺ 너무 여러 번 들어서 듣기가 싫다는 뜻으로도 쓰여.
예 잔소리를 귀가 따갑도록 많이 들었다.

⑥ 머리를 ㄱ ㄹ 다

머리를 써서 해결 방안을 생각해 내다.
예 머리를 굴려 보았지만 대책이 떠오르지 않는다.

머리를 긁다

수줍거나 무안한 상황에서 어쩔 줄을 몰라 머리를 긁적이다.
예 그는 난처했는지 말없이 머리를 긁기만 했다.

⑦ 무릎을 치다

갑자기 어떤 놀라운 사실을 알게 됐을 때 무릎을 탁 치다.
예 기발한 생각이 떠올라서 무릎을 쳤다.

무릎을 ㄲ 다

항복하거나 굴복하다.
예 오랜 공격 끝에 결국 적군이 무릎을 꿇었다.

☺ 희미한 기억이 떠오르거나 매우 기뻐 무릎을 탁 친다는 의미로도 쓰여.

8 **손이 ㅋ다**

씀씀이가 후하고 크다. ≒손이 걸다.
㉠ 나는 손이 커서 음식을 한 번에 많이 만든다.

손이 맵다

손으로 슬쩍 때려도 몹시 아프다. ≒손끝이 맵다.
㉠ 손이 매운 언니에게 맞은 자리가 계속 얼얼하다.

☺ '손'과 관련된 다른 관용어로는, 무엇을 달라고 요구하거나 구걸한다는 의미를
　나타내는 '손을 내밀다'가 있어.

9 **발이 빠르다**

알맞은 조치를 신속히 취하다.
㉠ 의사가 발 빠르게 대처해 환자가 살 수 있었다.

발이 ㄴ다

사귀어 아는 사람이 많아 활동하는 범위가 넓다.
㉠ 그는 발이 넓어 다양한 분야의 사람들과 친분이 있다.

☺ '발'과 관련된 다른 관용어로는, 매우 안타까워하거나 다급해한다는 의미를 나
　타내는 '발을 구르다'가 있어.

10 **배가 ㅇㅍ다**

남이 잘되어 심술이 나다.
㉠ 아는 사람이 손쉽게 큰돈을 번 것 같아 배가 아프다.

배가 등에 붙다

먹은 것이 없어서 배가 홀쭉하고 몹시 허기지다.
㉠ 종일 아무것도 못 먹었더니 배가 등에 붙었다.

11 **엉덩이가 ㅁㄱ다**

한번 자리를 잡고 앉으면 좀처럼 일어나지 않는다.
㉠ 수험 생활을 오래 해서인지 엉덩이가 무거운 편이다.

엉덩이가 근질근질하다

한군데 가만히 앉아 있지 못하고 자꾸 움직이고 싶어 하다.
㉠ 집에만 있었더니 외출하고 싶어 엉덩이가 근질근질하다.

12 **뼈를 ㄲ다**

몹시 견디기 어려울 정도로 고통스럽다.
㉠ 뼈를 깎는 노력 끝에 합격할 수 있었다.

뼈를 묻다

단체나 조직에 평생토록 헌신하다.
㉠ 그는 이 회사에 뼈를 묻고 말겠다고 다짐했다.

13 **침이 ㅁㄹ다**

다른 사람이나 물건에 대하여 거듭해서 말하다.
㉠ 할머니께서 손주 자랑에 침이 마르신다.

침을 삼키다

음식 등을 몹시 먹고 싶어 하다.
㉠ 요리가 완성되기를 침을 삼키며 기다리고 있다.

☺ 자기 소유로 하고자 몹시 탐낸다는 의미로도 쓰여.
　㉠ 그들은 남의 재산을 노리며 침을 삼켰다.

14 **등을 돌리다**

관계를 끊고 외면하다.
㉠ 그는 자신의 실수로 인해 모두가 등을 돌릴까 두려웠다.

등을 ㄸㅁ다

일을 억지로 시키거나 부추기다.
㉠ 사람들이 내가 그 일의 적임자라며 등을 떠밀었다.

빈칸 답 ❶붙이 ❷높 ❸맞추 ❹차 ❺가렵 ❻굴리 ❼꿇 ❽크 ❾넓 ❿아프 ⓫무겁 ⓬깎 ⓭마르 ⓮떠밀

① 피가 끓는다   아픈 아이가 걱정되어 부모의 (   ).   피가 마른다

② 죽 끓듯 했다   일정이 계속 바뀌자 학생들의 불만이 (   ).   죽을 쑤었다

③ 뿌리가 깊어졌다   최근 들어 싸움이 잦아지면서 감정의 (   ).   골이 깊어졌다

④ 불꽃이 튀었다   동생이 엄마에게 혼나던 중에 나에게까지 (   ).   불똥이 튀었다

⑤ 바가지를 쓴   가게 주인에게 속아 (   ) 것이 틀림없다.   바가지를 긁는

⑥ 탈을 쓰고   사람의 (   ) 할 수 없는 극악무도한 짓이다.   색안경을 쓰고

⑦ 하늘이 캄캄한   군사들의 사기가 (   ) 듯했다.   하늘을 찌르는

⑧ 이 잡듯   돈을 ( ) 썼더니 용돈이 금방 떨어졌다.   물 쓰듯

⑨ 파김치가 되었다   하루 종일 뛰어다녔더니 온몸이 ( ).   동태가 되었다

⑩ 화살을 돌렸다   시험이 전부 끝나서 일단 ( ).   한숨을 돌렸다

⑪ 한배를 타서   당연한 일을 했을 뿐인데 ( ) 부끄럽다.   비행기를 태워서

⑫ 깨가 쏟아지는   상황이 최악으로 치닫는 데 ( ) 격이 되었다.   기름을 붓는

⑬ 밑도 끝도 없는   아무 예고 없이 주인공이 죽다니 ( ) 전개다.   눈코 뜰 사이 없는

⑭ 피도 눈물도 없는   ( ) 전화에 잠을 잘 수가 없다.   시도 때도 없는

23 2단계 꼼꼼히 확인하기
관용어(2)

1단계 퀴즈의 정답은 아래에서 **초록색으로** 표시했습니다.
오답의 어휘와 뜻풀이까지 꼼꼼하게 확인해 보세요.

❶ 피가 끓다

기분이나 감정 등이 북받쳐 오르다.
㉁ 가족을 모욕하는 말을 들으니 피가 끓어 올랐다.

피가 ㅁ ㄹ 다

몹시 괴롭거나 애가 타다.
㉁ 아픈 아이가 걱정되어 부모의 피가 마른다.

❷ 죽 끓듯 하다

화나 분통 등의 감정을 참지 못해 마음속이 끓어오르다.
㉁ 일정이 계속 바뀌자 학생들의 불만이 죽 끓듯 했다.

죽을 ㅆ 다

어떤 일을 망치거나 실패하다.
㉁ 이번 시험은 죽을 쑤었다.

❸ ㅃ ㄹ 가 깊다

어떤 일이나 사물의 연유하는 바가 오래다.
㉁ 동짓날 팥죽을 먹는 풍습은 그 뿌리가 깊다.

골이 깊어지다

관계가 악화되거나 멀어지다.
㉁ 최근 들어 싸움이 잦아지면서 감정의 골이 깊어졌다.

❹ 불꽃이 튀다

겨루는 모양이 치열하다.
㉁ 실력자들이 많아 불꽃이 튀는 접전이 예상된다.

😊 격한 감정이 눈에 내비친다는 뜻으로도 쓰여.
㉁ 화가 많이 났는지 그의 눈에서 불꽃이 튀었다.

ㅂ ㄸ 이 튀다

엉뚱한 사람에게 재앙이나 화가 미치다.
㉁ 동생이 엄마에게 혼나던 중에 나에게까지 불똥이 튀었다.

❺ 바가지를 ㅆ 다

요금 등을 제값보다 비싸게 주어 손해를 보다.
㉁ 가게 주인에게 속아 바가지를 쓴 것이 틀림없다.

바가지를 긁다

생활의 어려움에서 오는 불평과 잔소리를 심하게 하다.
㉁ 수입이 줄면 배우자가 바가지를 긁을까 봐 걱정이다.

❻ 탈을 쓰다

본색이 드러나지 않게 태도를 거짓으로 꾸미다.
㉁ 사람의 탈을 쓰고 할 수 없는 극악무도한 짓이다.

😊 생김새나 하는 짓이 누군가를 꼭 닮은 상태를 표현할 때도 쓰여.
㉁ 언니는 엄마의 탈을 쓴 것처럼 엄마와 똑같이 생겼다.

ㅅ ㅇ ㄱ 을 쓰다

좋지 않은 감정이나 주관적인 선입관을 가지다.
㉁ 출신을 밝히면 색안경을 쓰고 보는 사람들이 있다.

❼ 하늘이 ㅋ ㅋ 하다

큰 충격을 받아 정신이 아찔하다. ≒하늘이 노랗다.
㉁ 불합격 소식을 듣고 나니 하늘이 캄캄하다.

하늘을 찌르다

기세가 몹시 세차다.
㉁ 군사들의 사기가 하늘을 찌르는 듯했다.

😊 매우 높이 솟은 상태를 표현할 때도 쓰여.
㉁ 하늘을 찌를 듯 높은 빌딩을 세웠다.

⑧ 이 잡듯

샅샅이 뒤지어 찾는 모양을 비유적으로 이르는 말.
㉥ 방 전체를 이 잡듯 뒤졌으나 열쇠는 찾지 못했다.

ㅁ 쓰듯

물건을 헤프게 쓰거나, 돈 등을 흥청망청 낭비하다.
㉥ 돈을 물 쓰듯 썼더니 용돈이 금방 떨어졌다.

☺ '물'과 관련된 다른 관용어로는, 일의 상황이 끝나 어떠한 조치를 할 수 없다는
의미를 나타내는 '물 건너가다'도 있어.

⑨ ㅍ ㄱ ㅊ 가 되다

몹시 지치고 피곤한 상태가 되다.
㉥ 하루 종일 뛰어다녔더니 온몸이 파김치가 되었다.

동태가 되다

추위로 몹시 얼다.
㉥ 추운 날에 옷을 얇게 입고 다녔더니 동태가 된 것 같다.

⑩ ㅎ ㅅ 을 돌리다

꾸짖음이나 비난 등을 다른 쪽으로 돌리다.
㉥ 일이 어그러지자 죄 없는 사람에게 화살을 돌렸다.

한숨을 돌리다

힘겨운 고비를 넘기고 좀 여유를 갖다.
㉥ 시험이 전부 끝나서 일단 한숨을 돌렸다.

⑪ 한배를 타다

운명을 같이하다.
㉥ 우리는 한배를 탔으니 힘을 합쳐야 산다.

ㅂ ㅎ ㄱ 를 태우다

지나치게 칭찬하다.
㉥ 당연한 일을 했을 뿐인데 비행기를 태워서 부끄럽다.

⑫ ㄲ 가 쏟아지다

두 사람의 사이가 매우 좋아 행복하고 재미나다.
㉥ 둘은 결혼한 지 오래됐지만 신혼부부처럼 깨가 쏟아진다.

기름을 붓다

감정이나 행동을 부추겨 상황을 더욱더 심각하게 만들다.
㉥ 상황이 최악으로 치닫는 데 기름을 붓는 격이 되었다.

☺ 비슷한 뜻인 '기름을 끼얹다'를 강조하여 이르는 말이야.

⑬ 밑도 끝도 없다

앞뒤의 연관 관계 없이 갑작스럽다.
㉥ 아무 예고 없이 주인공이 죽다니 밑도 끝도 없는 전개다.

ㄴ ㅋ 뜰 사이 없다

정신 못 차리게 몹시 바쁘다.
㉥ 시험을 앞두고 공부하느라 눈코 뜰 사이 없다.

⑭ ㅍ 도 ㄴ ㅁ 도 없다

인정이나 동정심이 조금도 없다.
㉥ 간청을 뿌리치다니 그는 피도 눈물도 없는 사람이다.

시도 때도 없다

시간에 구애받음이 없다.
㉥ 시도 때도 없는 전화에 잠을 잘 수가 없다.

빈칸 답 ❶마르 ❷쑤 ❸뿌리 ❹불똥 ❺쓰 ❻색안경 ❼캄캄 ❽물 ❾파김치 ❿화살 ⓫비행기 ⓬깨 ⓭눈코 ⓮피, 눈물

24 속담

빈칸을 채워 속담을 완성하세요.

---

1 가는 날이 □□

어떤 일을 하려고 하는데
뜻하지 않은 일을 공교롭게 당함.

---

2 가는 □이 고와야 오는 □이 곱다

자기가 다른 사람에게 말이나 행동을 좋게 해야
다른 사람도 자기에게 좋게 함.

---

3 개구리 □□□ 적 생각 못 한다

지위나 형편이 전에 비해 나아진 사람이 과거의 어려움을
기억하지 않고 자신이 원래부터 잘난 듯이 뽐냄.

---

4 □□ 싸움에 □□ 등 터진다

강한 자들끼리 싸우는 통에
아무 상관 없는 약한 자가 중간에 끼어 피해를 입게 됨.

---

5 고양이 □에 □ 달기

실행하기 어려운 것을 공연히 의논함.

---

6 구르는 돌은 □□가 안 낀다

부지런하고 꾸준히 노력하는 사람은
침체되지 않고 계속 발전함.

---

7 [ ]이 서 말이라도 꿰어야 [ ] [ ]

좋은 재료만 있으면 뭐 해? 만들어야 의미가 있지!

아무리 훌륭하고 좋은 것이라도
다듬고 정리하여 쓸모 있게 만들어 놓아야 가치가 있음.

8 꿈보다 [ ]이 좋다

꿈과 희망을 상징하는 그림이구나!

??

① 하찮거나 마음에 들지 않는 일을 좋게 풀이함.
② 겉으로 드러난 현상보다 본질을 잘 판단하는 것이 중요함.

9 꿩 대신 [ ]

집에 풀이 없네.

그럼 밥풀로 붙이자!

꼭 적당한 것이 없을 때 그와 비슷한 것으로 대신함.

10 [ ] 놓고 [ ] 자도 모른다

기역 자를 써 봐.

이렇게 생겼는데…

기역 자 모양으로 생긴 낫을 보면서도
기역 자를 모른다는 뜻으로, 아주 무식함을 이름.

11 누워서 [ ] 먹기

너무 쉽네!

$1+1 = 2$

어떤 일을 하기가 매우 쉬움.

12 다 된 [ ]에 [ ] 풀기

아이고, 거의 다 만들었는데!

내 라면……

① 거의 다 된 일을 망쳐 버리는 주책없는 행동.
② 남의 다 된 일을 악랄한 방법으로 방해하는 것.

⑬ ☐ 쫓던 개 ☐☐ 쳐다보듯

애써 하던 일이 실패로 돌아가거나 남보다 뒤떨어져
어찌할 도리가 없이 됨.

⑭ ☐☐☐ 도 두들겨 보고 건너라

잘 아는 일이라도 세심하게 주의해야 함.

⑮ ☐ 로 주고 ☐ 로 받는다

다른 사람에게 조금 주고
그 대가로 몇 곱절이나 많이 받음.

⑯ ☐☐ 밑이 어둡다

대상에서 가까이 있는 사람이
도리어 대상에 대하여 잘 알기 어려움.

⑰ 마른하늘에 ☐☐☐

뜻하지 않은 상황에서 뜻밖의 재난을 입음.

⑱ ☐ 한마디에 천 냥 ☐ 도 갚는다

말만 잘하면 어려운 일이나
불가능해 보이는 일도 해결할 수 있음.

뜻풀이와 그림을 참고해 빈칸을 채워 보자. 이미 알고 있던 속담의 의미도 정확히 확인하면 좋겠지.

---

⑲ ☐ 빠진 ☐ 에 물 붓기

아무리 힘이나 밑천을 들여도
보람 없이 헛된 일이 되는 상태.

---

⑳ ☐☐☐ 도 맞들면 낫다

아무리 쉬운 일이라도
서로 도와서 하면 훨씬 더 쉬움.

㉑ ☐ 이삭은 익을수록 ☐ 를 숙인다

교양이 있고 수양을 쌓은 사람일수록
겸손하고 남 앞에서 자기를 내세우려 하지 않음.

㉒ ☐ 온 뒤에 ☐ 이 굳어진다

비에 젖은 흙도 마르면서 단단히 굳어진다는 뜻으로,
어떤 시련을 겪은 뒤에 더 강해짐을 이름.

㉓ 빈 ☐ 가 요란하다

실력이나 재물 등 가진 것이 없는 사람이
오히려 더 요란하게 떠들어댐.

㉔ ☐ 이 많으면 배가 ☐ 으로 간다

주관하는 사람 없이 여러 사람이 자기주장만 내세우면
일이 제대로 되기 어려움.

빈칸 답 ⑬닭, 지붕 ⑭돌다리 ⑮되, 말 ⑯등잔 ⑰날벼락 ⑱말, 빚 ⑲밑, 독 ⑳백지장 ㉑벼, 고개 ㉒비, 땅 ㉓수레 ㉔사공, 산

㉕ 서당 ☐ 삼 년에 ☐☐ 을 읊는다

어떤 분야에 대하여 지식과 경험이 전혀 없는 사람이라도
그 부문에 오래 있으면 얼마간의 지식과 경험을 갖게 됨.

㉖ ☐☐☐ 이 사람 잡는다

능력이 없어서 제구실을 못하면서
함부로 하다가 큰일을 저지르게 됨.

㉗ ☐ 잃고 ☐☐ 고친다

일이 이미 잘못된 뒤에는 손을 써도 소용이 없음.

㉘ ☐☐ 이 반이다

무슨 일이든지 시작하기가 어렵지
일단 시작하면 일을 끝마치기는 그리 어렵지 않음.

㉙ 우물 안 ☐☐☐

넓은 세상을 알지 못하거나
보는 눈이 좁아서 자기만 잘난 줄 아는 사람.

㉚ 우물에 가 ☐☐ 찾는다

모든 일에는 질서와 차례가 있는 법인데
일의 순서도 모르고 성급하게 덤빔.

뜻풀이와 그림을 참고해 빈칸을 채워 보자. 이미 알고 있던 속담의 의미도 정확히 확인하면 좋겠지.

㉛ 울며 ⬜⬜ 먹기

> 주변 가게가 다 가격을 내리니 어쩔 수 없지.

> 돈까스 8000 → 6000 대박할인!

맵다고 울면서도 겨자를 먹는다는 뜻으로,
싫은 일을 억지로 마지못하여 함을 이름.

㉜ ⬜⬜⬜ 도 나무에서 떨어진다

> 체조 결승전

> 유력한 우승 후보인데, 이번에 실수를 많이 했대.

> 웬일이래.

아무리 익숙하고 잘하는 사람이라도
간혹 실수할 때가 있음.

㉝ ⬜⬜⬜ 도 밟으면 꿈틀한다

> 내가 매번 웃기만 하니까 화도 낼 줄 모른다고 생각하지?

> 미안해.

아무리 지위가 낮거나 순하고 좋은 사람이라도
너무 업신여기면 가만히 있지 않음.

㉞ ⬜⬜ 모아 태산

> 묵직

> 매일 100원씩 모았는데 벌써 가득 찼어!

아무리 작은 것이라도 모이고 모이면
나중에 큰 덩어리가 됨.

㉟ ⬜⬜ 이 무너져도 솟아날 ⬜⬜ 이 있다

> 선생님께서 늦으셔서 이번 시간은 자습이래!

> 오!예!

> 숙제

아무리 어려운 경우에 처하더라도
살아 나갈 방도가 생김.

㊱ 하룻강아지 ⬜ 무서운 줄 모른다

> 아직 어려서 겁이 없구나.

> 왈왈왈왈

태어난 지 얼마 안 되는 강아지가 호랑이 무서운 줄
모른다는 뜻으로, 철없이 함부로 덤비는 경우를 이름.

빈칸 답 ㉕개, 풍월 ㉖선무당 ㉗소, 외양간 ㉘시작 ㉙개구리 ㉚숭늉 ㉛겨자 ㉜원숭이 ㉝지렁이 ㉞티끌 ㉟하늘, 구멍 ㊱범

[01~03] 다음 밑줄 친 말과 바꿔 쓰기에 가장 적절한 것을 고르시오.

01 쉬는 시간에 잠시 잠을 잤더니 몸이 가뿐해졌다.

① 눈을 돌렸더니   ② 눈을 맞췄더니   ③ 눈을 밝혔더니   ④ 눈을 붙였더니   ⑤ 눈을 뒤집었더니

02 병사들은 적에게 항복하지 않고 끝까지 맞서 싸웠다.

① 발을 끊지   ② 발을 구르지   ③ 무릎을 꿇지   ④ 무릎을 치지   ⑤ 혀를 내두르지

03 이 식당 주인은 씀씀이가 커서 밑반찬을 넉넉히 내놓는다.

① 손이 떠서   ② 손이 커서   ③ 손이 맞아서   ④ 손이 매워서   ⑤ 손이 비어서

[04~06] 다음 문장의 괄호 안에 들어갈 알맞은 관용어와 그 관용어의 뜻을 〈보기 1〉과 〈보기 2〉에서 찾아 그 기호를 쓰시오.

┌─ 보기 1 ─────────────────────────────────────┐
│   ㉠ 발이 넓다   ㉡ 귀가 따갑다   ㉢ 배가 아프다   ㉣ 엉덩이가 무겁다 │
└──┘

┌─ 보기 2 ─────────────────────────────────────┐
│ ⓐ 남이 잘되어 심술이 나다. │
│ ⓑ 소리가 날카롭고 커서 듣기에 괴롭다. │
│ ⓒ 사귀어 아는 사람이 많아 활동하는 범위가 넓다. │
│ ⓓ 한번 자리를 잡고 앉으면 좀처럼 일어나지 않는다. │
└──┘

04 연주자의 피아노가 조율이 제대로 안 되었는지 (   ) ➡ (   )

05 한 분야에서 오랫동안 일했더니 그쪽 방면으로 (   ) ➡ (   )

06 복권에 당첨되어 벼락부자가 된 사람의 사연을 듣고 나니 괜히 (   ) ➡ (   )

[07~09] 다음 뜻풀이에 해당하는 관용어를 찾아 바르게 연결하시오.

07 일을 억지로 시키거나 부추기다.   •   • ㉠ 뼈를 깎다

08 몹시 견디기 어려울 정도로 고통스럽다.   •   • ㉡ 등을 떠밀다

09 다른 사람이나 물건에 대하여 거듭해서 말하다. •   • ㉢ 침이 마르다

[10~12] 다음 문장의 괄호 안에 들어갈 알맞은 관용어를 고르시오.

10 편리함을 이유로 일회용품을 (   ) 사용했더니 쓰레기가 넘쳐 난다.

① 물 쓰듯   ② 이 잡듯   ③ 죽 끓듯   ④ 불똥 튀듯   ⑤ 쥐 죽은 듯

11 이웃의 (   ) 악기 연주로 인해 밤낮으로 층간 소음에 시달리고 있다.

① 별 볼 일 없는   ② 밑도 끝도 없는   ③ 시도 때도 없는   ④ 오갈 데가 없는   ⑤ 눈코 뜰 사이 없는

12 우리 가족은 할머니의 수술이 무사히 끝났다는 소식을 듣고 나서야 겨우 (   ).

① 뒤로 돌렸다   ② 등을 돌렸다   ③ 고개를 돌렸다   ④ 한숨을 돌렸다   ⑤ 화살을 돌렸다

13 괄호 안에 공통으로 들어갈 관용어로 알맞은 것은?

> • 응원단의 함성 소리가 (   ) 듯이 우렁찼다.
> • 마을 어귀에 오래된 은행나무 한 그루가 (   ) 듯 높이 솟아 있었다.

① 피가 마를   ② 불꽃이 튈   ③ 기름을 부을   ④ 뿌리가 깊을   ⑤ 하늘을 찌를

[14~17] 사다리타기에 따라, 빈칸에 들어갈 관용어의 뜻을 〈보기〉에서 골라 그 기호를 쓰시오.

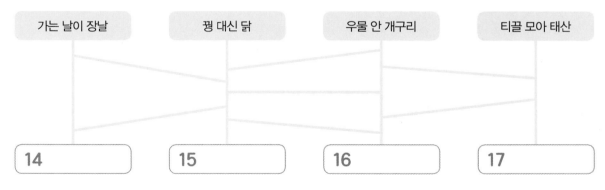

| 가는 날이 장날 | 꿩 대신 닭 | 우물 안 개구리 | 티끌 모아 태산 |

| **14** | **15** | **16** | **17** |

> ● 보기 ●
> ㉠ 꼭 적당한 것이 없을 때 그와 비슷한 것으로 대신함.
> ㉡ 어떤 일을 하려고 하는데 뜻하지 않은 일을 공교롭게 당함.
> ㉢ 아무리 작은 것이라도 모이고 모이면 나중에 큰 덩어리가 됨.
> ㉣ 넓은 세상을 알지 못하거나 보는 눈이 좁아서 자기만 잘난 줄 아는 사람.

독해 더하기 | 관용 표현

[1~2] 다음을 읽고, 물음에 답하시오.

지문 이해

해제 조선 후기의 판소리계 소설로, 지배층의 (　　)과 극심한 빈부 격차를 익살스러운 표현을 통해 해학적으로 그려 내고 있다.

주제 형제 사이의 (　　)와 권선징악

　흥부는 형을 만나기도 전에 예전에 맞던 생각을 하니 겁이 저절로 났다. 온몸을 떨며 공손히 마루 아래에 서서 두 손을 마주 잡고 절하며 **문안(問安)**을 드린다. / 이럴 때 다른 사람 같으면 와락 뛰어 내려와서 부축하여 올라가며 이렇게 위로했을 것이다. / "형제간에 마루 아래에서 인사를 하다니 이게 무슨 말이냐?"

　그러나 놀부는 워낙 도리를 모르는 놈이라 흥부가 곡식이나 돈을 구걸하러 온 것인 줄 지레짐작하고 못 본 체 딴청을 피운다. 흥부가 여러 번 말을 걸자 그제서야 겨우 묻는다.

　"네가 누구인고?" / 흥부는 기가 막힌다. / "내가 흥부올시다."

　놀부가 와락 소리 지르며 되묻는다. / "흥부가 어떤 놈인고?"

　"애고, 형님, 이것이 무슨 말씀이오? 마오, 마오, 그리 마오. 비나이다, 비나이다, 형님께 비나이다. 세끼 굶고 누운 자식 살려 낼 길이 전혀 없어 염치를 불고하고 형님 댁에 왔습니다. 형제의 정을 생각하여 벼나 쌀이나 아무것이라도 주시면 품을 판들 못 갚으며 일을 한들 거저야 먹겠습니까? 아무쪼록 형제의 정을 생각하여 죽는 목숨 살려 주십시오."

　이처럼 애걸하지만 놀부 하는 꼴이 어처구니없다. 사나운 범같이 날뛰며 모진 눈을 부릅뜨고 핏대를 올리며 나무란다. / "너도 참 염치없는 놈이다. 내 말을 들어 보아라. 하늘은 먹을 것이 없는 인간을 낳지 않고, 땅은 이름 없는 풀을 만들지 않는다 했으니 누구나 제 먹을 것은 타고나는 법이다. 그런데 너는 어찌 그리 복이 없어 하고한 날 내게 와서 이리 보채느냐? 여러 소리 듣기 싫다."

– 작자 미상, 〈흥부전〉 / 미래엔·천재(노) 2-2, 비상 3-2

[서술상의 특징 이해]

1 이 글에 대한 설명으로 가장 적절한 것은?

① 특정한 소재를 부각해 결말을 암시하고 있다.

② 과장된 표현을 사용해 인물의 성품을 예찬하고 있다.

③ 공간적 배경을 구체적으로 묘사해 시대상을 드러내고 있다.

④ 의인법을 활용해 인물의 악행을 우회적으로 비판하고 있다.

⑤ 서술자의 개인적인 견해를 덧붙이며 이야기를 전개하고 있다.

어휘력 넓히기

물을 문(問)

● **문안(問安)** 웃어른께 안부를 여쭘. 또는 그런 인사.

● **문답(問答)** 물음과 대답. 또는 서로 묻고 대답함.

● **문책(問責)** 잘못을 캐묻고 꾸짖음.

간단 확인

선생님께서 강의 중 학생들과 주고받은 (　　)을 엮어 책으로 내고 싶습니다.

[한자성어]

2 이 글의 상황에 가장 잘 어울리는 한자성어는?

① 감언이설(甘言利說)　　② 구사일생(九死一生)　　③ 소탐대실(小貪大失)

④ 시기상조(時機尚早)　　⑤ 문전박대(門前薄待)

어휘 **찾아보기**

I. 문학 필수 어휘-시

회 **문맥으로 소화하기** 12~13쪽

01 생동감	02 유년	03 시상	04 음미하였다
05 냉소	06 여우비	07 형상화하였다	08 연상하게
09 눈시울	10 승화하였다	11 윗목	12 성찰
13 진부한	14 연민	15 추상적	16 고즈넉한

회 **문맥으로 소화하기** 18~19쪽

01 냉기	02 아슴푸레	03 격정	04 마중하기
05 우러러	06 압축적	07 포용해	08 촉감
09 암담하게	10 잘다	11 공감	12 우레
13 지시적	14 함축적	15 무성하게	16 이상적

복 습 하기 20~21쪽

01 ②	02 ①	03 ⑤	04 ④
05 ⓛ	06 ㉠	07 ㉢	08 ②
09 ⑤	10 ④	11 ②	12 해설 참고

01 '크게 소리를 내어 읽거나 외다.'를 뜻하는 '낭송하다'로 바꾸어 쓰기에 적절하다.
오답 풀이 ① 암송하다: 글을 보지 아니하고 입으로 외다.
③ 음미(吟味)하다: 1. 시가를 읊조리며 그 맛을 감상하다. 2. 어떤 사물 또는 개념의 속 내용을 새겨서 느끼거나 생각하다.
④ 묵독하다: 소리를 내지 않고 속으로 글을 읽다.
⑤ 속독하다: 책 따위를 빠른 속도로 읽다.

02 '어떤 현상이 더 높은 상태로 발전하다.'를 뜻하는 '승화하다'와 바꾸어 쓰기에 적절하다.
오답 풀이 ② 암시(暗示)하다: 넌지시 알리다.
③ 함축하다: 1. 겉으로 드러내지 아니하고 속에 간직하다. 2. 말이나 글이 많은 뜻을 담고 있다.
④ 형상화하다: 형체로는 분명히 나타나 있지 않은 것을 어떤 방법이나 매체를 통하여 구체적이고 명확한 형상으로 나타내다.
⑤ 구체화하다: 1. 구체적인 것으로 되다. 또는 그렇게 만들다. 2. 계획 따위가 실행되다. 또는 그렇게 만들다.

03 '생각이나 말, 소문 따위가 마구 뒤섞이거나 퍼져서 많다.'는 뜻의 '무성하다'로 바꾸어 쓰기에 적절하다.
오답 풀이 ① 풍성하다: 넉넉하고 많다.
② 풍족하다: 매우 넉넉하여 부족함이 없다.
③ 경미하다: 가볍고 아주 적어서 대수롭지 아니하다.

④ 희박하다: 어떤 일이 이루어질 가능성이 적다.

04 ㉠에는 '함축적(말이나 글이 어떤 뜻을 속에 담고 있는. 또는 그런 것.)', ㉡에는 '이상적(생각할 수 있는 범위 안에서 가장 완전하다고 여겨지는. 또는 그런 것.)', ㉢에는 '암담하다(희망이 없고 절망적이다.)'가 적절하다.

08 문맥상 '어떤 사물을 보거나 듣거나 생각할 때 그것과 관련 있는 사물을 머릿속에 떠올리다.'라는 뜻의 '연상하다'가 알맞다.
오답 풀이 ① 예상하다: 어떤 일을 직접 당하기 전에 미리 생각하여 두다.
③ 묵상하다: 눈을 감고 말없이 마음속으로 생각하다.
④ 구상(構想)하다: 앞으로 이루려는 일에 대하여 그 일의 내용이나 규모, 실현 방법 따위를 어떻게 정할 것인지 이리저리 생각하다.
⑤ 망상하다: 이치에 맞지 아니한 망령된 생각을 하다.

09 문맥상 '사상, 표현, 행동 따위가 낡아서 새롭지 못하다.'라는 뜻의 '진부하다'가 알맞다. '케케묵다'는 '물건 따위가 아주 오래되어 낡다.', '일, 지식 따위가 아주 오래되어 시대에 뒤떨어진 데가 있다.'라는 의미이다.
오답 풀이 ① 참신(斬新)하다: 새롭고 산뜻하다.
② 조신하다: 몸가짐이 조심스럽고 얌전하다.
③ 기발(奇拔)하다: 1. 유달리 재치가 뛰어나다. 2. 진기하게 빼어나다.
④ 신선(新鮮)하다: 1. 새롭고 산뜻하다. 2. 채소나 과일, 생선 따위가 싱싱하다.

10 형이 고향을 떠나는 상황이므로, '떠나가는 손님을 일정한 곳까지 따라 나가서 작별하여 보내다.'라는 뜻의 '배웅하다'가 알맞다.
오답 풀이 ① 마중하다: 오는 사람을 나가서 맞이하다.
② 조우하다: 우연히 서로 만나다.
③ 미행(尾行)하다: 다른 사람의 행동을 감시하거나 증거를 잡기 위하여 그 사람 몰래 뒤를 밟다.
⑤ 환영하다: 오는 사람을 기쁜 마음으로 반갑게 맞다.

11 '굵다'는 '1. 물체의 지름이 보통의 경우를 넘어 길다. 2. 밤, 대추, 알 따위가 보통의 것보다 부피가 크다. 3. 빗방울 따위의 부피가 크다. 4. 글씨의 획이 더 뚜렷하고 크다. 5. 생각, 행동 따위의 폭이 넓고 크다. 6. 소리의 울림이 크다. 7. 가늘지 아니한 실 따위로 짜서 천의 바탕이 거칠고 투박하다. 8. (주로 '구멍'을 주어로 하여) 사이가 넓고 성기다.'의 의미를 지닌다. 위에서는 차례로 4, 2, 5번 뜻으로 사용되었다.

어휘 DNA 깨우기

12

	¹노	년		²아	우	성
⁸시				우		
제						
		³서	술	적		
				⁴냉	소	
⁶공	⁷감		⁵격	정		
	촉					

01 대나무와 소나무는 추운 겨울에도 푸른빛을 잃지 않기 때문에 지조가 굳은 성품을 비유할 때 사용되는 나무이다. 따라서 소나무와 대나무를 아울러 이르는 말인 '송죽'이 적절하다.

오답 풀이 ▶ 미물: 1. 작고 변변치 않은 물건. 2. 인간에 비하여 보잘것없는 것이라는 뜻으로, '동물'을 이르는 말. 3. 변변치 못한 사람을 낮잡아 이르는 말.

02 문맥상 '생생한 피.'를 뜻하는 '선혈'이 적절하다.

오답 풀이 ▶ 어혈: 타박상 등으로 살 속에 피가 맺힘. 또는 그 피.

03 문맥상 '백성의 재물을 탐내어 빼앗는, 행실이 깨끗하지 못한 관리.'를 뜻하는 '탐관오리'가 적절하다.

오답 풀이 ▶ 청백리: 재물에 대한 욕심이 없이 곧고 깨끗한 관리.

04 ㉠에는 나쁜 속셈을 가진 신하를 가리키는 말이 들어가야 하므로 간사한 신하를 이르는 말인 '간신'이 적절하다. ㉡에는 문맥상 '은자나 시인, 묵객 등이 현실을 도피하여 생활하던 시골이나 자연.'을 의미하는 '강호'가 적절하다. ㉢에는 문맥상 '신념, 신의 등을 굽히지 않고 굳게 지키는 꿋꿋한 태도.'를 의미하는 '절개'가 적절하다. 매화는 이른 봄 추위를 이겨 내고 꽃을 피우는 강인함 때문에 지조와 절개의 상징으로 사용된다.

05

¹두	엄			⁴의
령		²충		태
		³의	⁵성	어
			나	
	⁶예	찬	하	다
⁷심	⁸상			
	징			

06 은유법이란 'A는 B이다'와 같은 형식으로 원관념과 보조 관념이 동일한 것처럼 표현하는 방법이다. ⓒ은 은유법을 통해 '그대의 눈동자'(원관념)를 '나의 거울'(보조 관념)에 빗대어 표현하였다.

07 직유법이란 '~처럼, ~같이' 등을 사용하여 원관념을 보조 관념에 직접 빗대어 표현하는 방법이다. ⑤은 '~처럼'을 사용하여 '그'(원관념)를 '여우'(보조 관념)에 빗대어 표현하였다.

08 의인법이란 사람이 아닌 것을 마치 사람이 행동하는 것처럼 표현하는 방법이다. ⓛ은 '꽃'이 방긋 웃는다고 사람처럼 표현하였다.

1 ⑤	2 ③	3 ⑤	4 ④
5 ④	6 ③		

[1~2]

• **해제** 어른이 된 화자가 가난하고 외로웠던 자신의 유년 시절에 집에서 혼자 (엄마)를 기다리던 기억을 회상하는 시이다.

• **주제** (유년) 시절을 떠올리며 느끼는 슬픔

• **내용 요약**

1연	가난하고 외로웠던 '나'의 유년 시절
2연	유년 시절을 떠올리며 슬픔을 느끼는 '나'

🔖 **어휘력 넓히기** | 임시

1 2연에서 성인이 된 화자는 유년 시절을 떠올리면 여전히 눈시울이 뜨거워지며, 가난하고 외로웠던 유년 시절을 차갑고 시린 느낌을 주는 '윗목'과 같다고 생각한다. 이를 통해 화자가 과거를 회상하며 슬픔을 느낀다는 것을 짐작할 수 있을 뿐, 유년 시절을 따뜻하고 행복했던 기억으로 간직하고 있는지는 알 수 없다.

오답 풀이 ① 4행에서 확인할 수 있다.
② 2연에서, 어른이 된 '나'가 어린 시절을 회상하는 것임을 파악할 수 있다.
③ 1~2행에서 확인할 수 있다.
④ 1연에서 확인할 수 있다.

2 '눈시울'은 '눈언저리의 속눈썹이 난 곳.'을 의미한다. ③은 '눈초리'의 의미이다.

[3~4]

• **해제** (꽃)이 지는 모습을 통해 이별의 의미를 형상화하는 시이다.

• **주제** (이별)을 통한 영혼의 성숙

• **내용 요약**

1연	낙화를 통해 인식하는 이별의 아름다움
2연	이별의 상황을 인식함.
3연	낙화를 통해 지금이 이별의 때임을 인식함.
4연	낙화의 결과
5연	녹음과 열매를 위한 희생
6연	이별(낙화)의 모습
7연	이별을 통한 영혼의 성숙

🔖 **어휘력 넓히기** | 미숙하다

3 ⓐ는 역설법을 활용하여, 결별이라는 슬프고 고통스러운 체험을 통해 영혼의 성숙을 이룰 수 있음을 표현하고 있다. 역설법은 겉으로는 모순되어 보이지만 실제로는 그 안에 삶의 진실을 담고 있는 표현 방법으로, ⑤에서도 역설법을 사용하고 있다.

오답 풀이 ① 의인법(사람이 아닌 시적 대상을 마치 사람이 행동하는 것처럼 표현하는 방법.)이 사용되었다.
② 직유법('~처럼, ~같이' 등을 사용하여 원관념을 보조 관념에 직접 빗대어 표현하는 방법.)이 사용되었다.
③ 은유법('A는 B이다'와 같은 형식으로 원관념과 보조 관념이 동일한 것처럼 표현하는 방법.)이 사용되었다.
④ 반어법(표현 효과를 높이기 위하여 속마음과 반대로 표현하는 방법.)이 사용되었다.

4 ⓓ의 '녹음(綠陰)'은 '푸른 잎이 우거진 나무나 수풀. 또는 그 나무의 그늘.'을 의미한다. ④는 '테이프나 판 또는 영화 필름 등에 소리를 기록함. 또는 그렇게 기록한 소리.'를 의미하는 '녹음(錄音)'이 사용된 문장이다.

오답 풀이 ① '강렬하고 갑작스러워 누르기 어려운 감정.'의 뜻으로 사용되었으므로 적절하다.
② '괴로움이나 어려움을 참고 견디다.'의 뜻으로 사용되었으므로 적절하다.
③ '풀이나 나무 따위가 자라서 우거져 있다.'의 뜻으로 사용되었으므로 적절하다.
⑤ '기약 없는 이별을 함. 또는 그런 이별.'의 뜻으로 사용되었으므로 적절하다.

[5~6]

- **해제** 다섯 자연물을 자신의 (벗)이라 소개하고 다섯 자연물의 덕을 예찬하는 연시조이다.
- **주제** 다섯 자연물의 덕 (예찬)
- **내용 요약**

제1수	다섯 벗으로 물, 바위, 소나무, 대나무, 달을 소개함.
제4수	소나무의 지조와 절개를 예찬함.
제6수	달의 밝음과 과묵함을 예찬함.

📖 **어휘력 넓히기** | 초석

5 제4수에서 화자는 '눈서리'를 맞아도 잎이 떨어지지 않는 '솔'(소나무)의 변함없는 모습을 예찬하고 있다.

오답 풀이 ① 제1수에서 확인할 수 있다.

② 제1수에서 확인할 수 있다.

③ 제6수에서 확인할 수 있다.

⑤ 제4수에서 화자는 '솔'은 '눈서리'가 내려도 변하지 않는다고 하며 '솔'의 변함없는 모습을 예찬하고 있다. 이를 바탕으로 '솔'은 어떤 어려움이 와도 흔들리지 않는 지조, 절개를 의미한다고 볼 수 있다.

6 '구천(九泉)'은 땅속 깊은 밑바닥을 의미한다. ③은 '구천(九天)'의 의미이다.

II. 문학 필수 어휘-소설

01 사람들이 모두 떠난 거리에 대한 설명이므로 '보기에 날씨나 분위기 등이 몹시 스산하고 쓸쓸한 데가 있다.'라는 의미의 '을씨년스럽다'가 적절하다.

　오답 풀이 ▸ 부산스럽다: 보기에 급하게 서두르거나 시끄럽게 떠들어 어수선한 데가 있다.

02 떨어진 성적을 회복하기 위해 노력했다는 것이므로 '바로잡아 회복하다.'라는 의미의 '만회하다'가 적절하다.

　오답 풀이 ▸ 만류하다: 붙들고 못 하게 말리다.

03 뜻밖의 일이 일어나서 놀란 상황이므로 '생각하지 않았거나 뜻하지 않았던 사실이나 사건과 우연히 마주치게 된 것이 기이하다고 할 만하다.'라는 의미의 '공교롭다'가 적절하다.

　오답 풀이 ▸ 사사롭다: 공적(公的)이 아닌 개인적인 범위나 관계의 성질이 있다.

07~11

미	09상	하	다	용	07부
간	념	푸	10도	회	지
허	물	바	투	유	기
울	사	슬	해	08실	수
향	토	적	난	마	일
대	11열	화	두	리	저

07 사람의 수가 많다는 것이므로 '헤아릴 수가 없을 만큼 많음.'이라는 뜻의 '부지기수'가 들어갈 수 있다.

08 '일이나 사건을 풀어 나갈 수 있는 첫머리.'를 뜻하는 '실마리'가 들어갈 수 있다.

09 '마음속에 품고 있는 여러 가지 생각.'을 뜻하는 '상념'이 들어갈 수 있다.

10 '사람이 많이 살고 상공업이 발달한 번잡한 지역.'을 뜻하는 '도회지'가 들어갈 수 있다.

11 '뜨거운 불길이라는 뜻으로, 매우 격렬한 열정을 비유적으로 이르는 말.'을 뜻하는 '열화'가 들어갈 수 있다.

12 그가 다른 사람의 물건에 손대지 않았다며 자신은 아무런 죄가 없다고 주장한 것이므로 '행동이나 마음씨가 깨끗하고 조촐하여 아무런 허물이 없음.'을 의미하는 '결백'이 적절하다.

　오답 풀이 ▸ ② 동기(動機): 어떤 일이나 행동을 일으키게 하는 계기.

③ 자백: 자기가 저지른 죄나 자기의 허물을 남들 앞에서 스스로 고백함. 또는 그 고백.

④ 파국: 일이나 사태가 잘못되어 결딴이 남. 또는 그 판국.

⑤ 푸념: 마음속에 품은 불평을 늘어놓음. 또는 그런 말.

13 감기를 핑계 삼아 학원에 가지 않았다는 것이므로 '핑계를 삼을 만한 재료.'를 의미하는 '구실'이 적절하다.

　오답 풀이 ▸ ① 구색: 여러 가지 물건을 고루 갖춤. 또는 그런 모양새.

③ 미간: 두 눈썹의 사이.

④ 서슬: 1. 쇠붙이로 만든 연장이나 유리 조각 따위의 날카로운 부분. 2. 강하고 날카로운 기세.

⑤ 허물: 1. 잘못 저지른 실수. 2. 남에게 비웃음을 살 만한 거리.

14 그 사투리를 처음 들어서 익숙하지 않았다는 것이므로 '익숙하지 않아 어색하다.'라는 의미의 '생경하다'가 적절하다.

① 긴하다: 1. 꼭 필요하다. 2. 매우 간절하다.

② 고루하다: 낡은 관념이나 습관에 젖어 고집이 세고 새로운 것을 잘 받아들이지 아니하다.

③ 긴밀하다: 서로의 관계가 매우 가까워 빈틈이 없다.

④ 남루하다: 옷 등이 낡아 해지고 차림새가 너저분하다.

15 괄호 안에 공통으로 들어갈 단어로는 '어그러지다'가 적절하다. '어그러지다'가 첫 번째 문장에서는 '지내는 사이가 나쁘게 되다.'의 의미로, 두 번째 문장에서는 '말이나 행동이 일정한 기준이나 사실에서 벗어나다.'의 의미로, 세 번째 문장에서는 '계획이나 예상 따위가 빗나가거나 달라져 이루어지지 않다.'의 의미로 쓰였다.

① 동하다: 1. 어떤 욕구나 감정 또는 기운이 일어나다. 2. 나아지거나 나았던 병이 도로 심해지다. 3. 마음이나 사물이 움직이다.

② 파(罷)하다: 어떤 일을 마치거나 그만두다.

③ 닦달하다: 남을 단단히 옥박질러서 혼을 내다.

④ 누그러지다: 1. 딱딱한 성질이 부드러워지거나 약하여지다. 2. 추위, 질병, 물가 등의 정도가 내려 덜하여지다.

01 문맥상 '조마조마하여 마음을 졸임. 또는 그렇게 졸이는 마음.'을 뜻하는 '조바심'이 적절하다.

> 오답 풀이 ▶ 뱃심: 1. 염치나 두려움이 없이 제 고집대로 버티는 힘. 2. 마음속에 다지는 속셈.

02 문맥상 '사람이 어떤 입장에서 마땅히 행하여야 할 바른길.'을 뜻하는 '도리'가 적절하다.

> 오답 풀이 ▶ 도량: 1. 사물을 너그럽게 용납하여 처리할 수 있는 넓은 마음과 깊은 생각. 2. 재거나 되거나 하여 사물의 양을 헤아림. 3. 길이를 재는 자와 양을 재는 되. 4. 길이와 부피.

03 문맥상 '나쁜 꾀로 남을 어려운 처지에 빠지게 하다.'라는 뜻의 '모함하다'가 적절하다.

> 오답 풀이 ▶ 도모하다: 어떤 일을 이루기 위하여 대책과 방법을 세우다.

04 문맥상 '어떤 것을 간절히 그리워하여 그것만을 생각하다.'라는 뜻의 '동경하다'가 적절하다.

> 오답 풀이 ▶ 동정하다: 1. 남의 어려운 처지를 자기 일처럼 딱하고 가엾게 여기다. 2. 남의 어려운 사정을 이해하고 정신적으로나 물질적으로 도움을 베풀다.

05 '하직하다'는 '1. 먼 길을 떠날 때 웃어른께 작별을 고하다. 2. 서울을 떠나는 벼슬아치가 임금에게 작별을 아뢰다. 3. 무슨 일이 마지막이거나 무슨 일을 그만두다. 4. 어떤 곳에서 떠나다.' 등의 의미로 사용되므로 문맥상 ㉠~㉤ 어디에도 어울리지 않는다. ㉠에는 '임금이 신하에게, 또는 윗사람이 아랫사람에게 물건을 주다.'라는 뜻의 '하사하다'가 적절하다. ㉡에는 '마음속으로 은근히 기쁘다.'라는 뜻의 '기껍다'가 적절하다. ㉢에는 '매우 반가워하다.'라는 뜻의 '반색하다'가 적절하다. ㉣에는 '트집을 잡아 거북할 만큼 따지고 듦.'을 뜻하는 '힐난'이 적절하다. ㉤에는 '상대편에게 맞서서 대듦. 또는 그런 말이나 행동.'을 뜻하는 '대거리'가 적절하다.

06

		¹암	팡	스	럽	다
²우		시				
쭐						
³대	장	⁴부				
다		귀		⁶어		
		공		질		
	⁵통	명	스	럽	다	

07 '성품이 너그럽지 못하고 생각이 좁다.'라는 뜻의 '옹졸하다'와 바꿔 쓰기에 적절하다.

> 오답 풀이 ▶ ① 관대(寬大)하다: 마음이 너그럽고 크다.
> ② 무료하다: 1. 흥미 있는 일이 없어 심심하고 지루하다. 2. 부끄럽고 열없다.
> ③ 무안하다: 수줍거나 창피하여 볼 낯이 없다.
> ④ 방자하다: 1. 어려워하거나 조심스러워하는 태도가 없이 무례하고 건방지다. 2. 제멋대로 거리낌 없이 노는 태도가 있다.

08 '보통 수준보다 훨씬 뛰어나다.'라는 뜻의 '비범하다'와 바꿔 쓰기에 적절하다.

오답 풀이 ① 범상하다: 중요하게 여길 만하지 아니하고 예사롭다.

③ 비천하다: 지위나 신분이 낮고 천하다.

④ 존귀하다: 지위나 신분이 높고 귀하다.

⑤ 평범하다: 뛰어나거나 색다른 점이 없이 보통이다.

1 ⑤	2 ②	3 ⑤	4 ③
5 ⑤	6 ①		

[1~2]

• **해제** 순간적인 욕심 때문에 양심에 어긋난 행동을 한 문기가 (갈등)을 겪는 모습을 그린 소설이다.

• **주제** (양심)을 지키는 삶의 중요성

📖 **어휘력 넓히기** ┃ 방심

1 이 글에서 문기와 삼촌 사이의 외적 갈등은 나타나지 않는다. 문기는 써서는 안 될 돈을 쓰고 삼촌을 속인 자신의 행동을 부끄러워하며 내적 갈등을 겪었다.

2 ⓛ의 '구실(口實)'은 '핑계를 삼을 만한 재료.'를 의미한다. ②는 동음이의어 '구실'의 의미로, 이는 '그는 어린 동생을 돌봐 주며 맏형 구실을 톡톡히 하고 있다.'와 같은 문장에서 사용할 수 있다.

[3~4]

• **해제** 농촌을 배경으로, 눈치 없고 어수룩한 서술자 '(나)'와 억척스럽고 적극적인 점순이의 풋풋한 사랑을 그린 소설이다.

• **주제** 사춘기 시골 소년과 소녀의 순박하고 풋풋한 (사랑)

📖 **어휘력 넓히기** ┃ 실격

3 점순이가 동리 어른의 말에 천연덕스럽게 대꾸하는 모습에서 당돌한 성격을 지녔음을 짐작할 수 있다. 따라서 점순이가 평소 수줍음이 많고 부끄러움을 잘 타는 성격이라고 보기는 어렵다.

4 ⓒ의 '어리다'는 '눈에 눈물이 조금 괴다.'의 의미이다. ③은 '나이가 적다.'를 의미하는 동음이의어 '어리다'가 사용된 문장이다.

오답 풀이 ▶ ① '다른 사람 앞에 당당히 나설 수 있거나 자랑할 수 있는 체면.'의 뜻으로 사용되었으므로 적절하다.
② '어떠한 행동이나 현상 등이 일어나는 것을 짐작할 수 있게 하여 주는 눈치나 낌새.'의 뜻으로 사용되었으므로 적절하다.
④ '지주를 대리하여 소작권을 관리하는 사람.'의 뜻으로 사용되었으므로 적절하다.
⑤ '남의 비위를 맞추느라고 자꾸 비굴하게 행동하다.'의 뜻으로 사용되었으므로 적절하다.

[5~6]

• **해제** 조선 후기 (양반)의 부정적인 삶의 모습을 신랄하게 풍자한 고전 소설이다.

• **주제** 양반들의 무능과 허례허식, 탐욕에 대한 (풍자/비판)

📖 **어휘력 넓히기** ┃ 남용

5 양반의 아내는 책 읽기가 환자를 갚는 것에 아무런 소용이 없다고 하면서 양반은 한 푼어치도 안 된다고 비판하였다. 이를 통해 아내는 양반이 책 읽기만 좋아하고 경제 활동을 하지 않아 환자를 갚지 못한다는 점을 부정적으로 여기고 있음을 알 수 있다.

6 '어질다'는 '마음이 너그럽고 착하며 슬기롭고 덕이 높다.'라는 뜻이다. ①은 '모질다'의 뜻이다.

10회 문맥으로 소화하기 　　　　　　82~83쪽

01 선출하는	02 이기적	03 지향하는	04 개발 도상국
05 선입견	06 규제하고	07 분석	08 만연한
09 지양해야	10 가시적	11 잠재적	12 팽배해
13 배타적	14 밀집한	15 통용되는	16 역기능

11회 문맥으로 소화하기 　　　　　　88~89쪽

01 이주민	02 번성하던	03 외세	04 중립적
05 천거	06 반영하고	07 국경	08 무신
09 미개	10 변방	11 귀양	12 착취하는
13 문명	14 군림한	15 증인	16 알현했다

복습하기 　　　　　　90~91쪽

01 ①	02 ③	03 ⓒ, ⓒ	04 ⓛ, ⓐ
05 ⓕ, ⓓ	06 ⓕ	07 ⓒ	08 ⓛ
09 ④	10 ①	11 ⑤	12 ⓔ
13 ⓒ	14 ⓕ	15 ⓛ	

01 '한참 성하게 일어나 퍼지다.'를 뜻하는 '번성하다'로 바꾸어 쓰기에 적절하다.

오답 풀이 ▸ ② 번민하다: 마음이 번거롭고 답답하여 괴로워하다.

③ 번복하다: 이리저리 뒤집히다.

④ 번잡하다: 번거롭게 뒤섞여 어수선하다.

⑤ 무성하다: 1. 풀이나 나무 따위가 자라서 우거져 있다. 2. 털이나 뿌리 따위가 엉킬 정도로 마구 자라 있다. 3. 생각이나 말, 소문 따위가 마구 뒤섞이거나 퍼져서 많다.

02 '자기의 감정이나 욕망을 스스로 억제하다.'를 뜻하는 '자제하다'로 바꾸어 쓰기에 적절하다.

오답 풀이 ▸ ① 자각(自覺)하다: 현실을 판단하여 자기의 입장이나 능력 따위를 스스로 깨닫다.

② 자극하다: 외부에서 작용을 주어 감각이나 마음에 반응이 일어나게 하다.

④ 자만(自慢)하다: 자신이나 자신과 관련 있는 것을 스스로 자랑하며 뽐내다.

⑤ 억제하다: 감정이나 욕망, 충동적 행동 따위를 내리눌러서 그치게 하다.

09 '공정하지 못하고 어느 한쪽으로 치우친 것.'이라는 뜻의 '편파적'이 알맞다.

오답 풀이 ▸ ① 가시적: 눈으로 볼 수 있는 것.

② 가변적: 바꿀 수 있거나 바뀔 수 있는 것.

③ 우호적: 개인끼리나 나라끼리 서로 사이가 좋은 것.

⑤ 협력적: 힘을 합하여 서로 돕는 것.

10 '(비유적으로) 전염병이나 나쁜 현상이 널리 퍼지다.'라는 뜻의 '만연하다'가 알맞다.

오답 풀이 ▸ ② 만발하다: 1. 꽃이 활짝 다 피다. 2. 추측이나 웃음 따위가 한꺼번에 많이 일어나다.

③ 만개하다: 꽃이 활짝 다 피다.

④ 밀접하다: 아주 가깝게 맞닿아 있다. 또는 그런 관계에 있다.

⑤ 밀집하다: 빈틈없이 빽빽하게 모이다.

11 괄호 안에 공통으로 들어갈 말로는 '반영하다'가 알맞다. 첫 번째 문장에서는 '빛이 반사하여 비치다.', 두 번째 문장에서는 '다른 것에 영향을 받아 어떤 현상을 나타내다.'라는 의미로 사용되었다.

오답 풀이 ▸ ① 왜곡(歪曲)하다: 사실과 다르게 해석하거나 그릇되게 하다.

② 통용하다: 1. 일반적으로 두루 쓰다. 2. 어떤 말이나 사물을 어떤 수단으로 쓰다. 3. 서로 넘나들어 두루 쓰다.

③ 통칭(通稱)하다: 1. 일반적으로 널리 이르다. 2. 공통으로 이르다.

④ 반사(反射)하다: 일정한 방향으로 나아가던 파동이 다른 물체의 표면에 부딪혀서 나아가던 방향이 반대로 바뀌다. 또는 방향을 반대로 바꾸다.

01 보증 기간이 지났기 때문에 수리비를 지불해야 한다는 것이 자연스러우므로 '어떤 행위에 대하여 보상이 있음.'이라는 의미의 '유상'이 들어가는 것이 적절하다.

오답 풀이 ▶ '무상'은 '어떤 행위에 대하여 아무런 대가나 보상이 없음.'을 의미한다.

02 채용 규모가 줄어들어 일자리를 구하기가 어려워졌다는 것이 자연스러우므로 '일정한 직업을 잡아 직장에 나감.'이라는 의미의 '취업'이 들어가는 것이 적절하다.

오답 풀이 ▶ '실업'은 '일할 의사와 노동력이 있는 사람이 일자리를 잃거나 일할 기회를 얻지 못하는 상태.'를 의미한다.

03 경제 주체로서의 가정이 대출을 받는 것이므로 '소비의 주체로 '가정'을 이르는 말.'인 '가계'가 들어가는 것이 적절하다.

오답 풀이 ▶ '생계'는 '살림을 살아 나갈 방도. 또는 현재 살림을 살아 가고 있는 형편.'을 의미한다.

07

		²납	부			
¹누	진	세			³원	⁴조
						달
				⁷추		
		⁶소		⁸산	출	하	다
⁵도	매			하		
				다		

08 '연구하여 새로운 안을 생각해 내다.'라는 의미의 '고안하다'와 바꿔 쓸 수 있다.

오답 풀이 ▶ ① 감안하다: 여러 사정을 참고하여 생각하다.
③ 입안하다: 어떤 안(案)을 세우다.
④ 제안하다: 안이나 의견으로 내놓다.
⑤ 착안하다: 어떤 일을 주의하여 보다. 또는 어떤 문제를 해결하기 위한 실마리를 잡다.

09 '새로운 물건을 만들거나 새로운 생각을 내어놓다.'라는 의미의 '개발하다'와 바꿔 쓸 수 있다.

오답 풀이 ▶ ② 계발하다: 슬기나 재능, 사상 따위를 일깨워 주다.
③ 발견하다: 미처 찾아내지 못하였거나 아직 알려지지 아니한 사물이나 현상, 사실 따위를 찾아내다.
④ 발달하다: 학문, 기술, 문명, 사회 따위의 현상이 보다 높은 수준에 이르다.
⑤ 발전하다: 더 낫고 좋은 상태나 더 높은 단계로 나아가다.

10 '사람의 힘으로 만든. 또는 그런 것.'이라는 의미의 '인공적'과 바꿔 쓸 수 있다.

오답 풀이 ▶ ① 가공적: 이유나 근거가 없거나 사실이 아닌. 또는 그런 것.
② 기술적: 기술에 관계가 있거나 기술에 의한. 또는 그런 것.
③ 실용적: 실제로 쓰기에 알맞은. 또는 그런 것.
⑤ 현실적: 현재 실제로 존재하거나 실현될 수 있는. 또는 그런 것.

11 ⊙에는 '매우 훌륭한 작품.'이라는 의미의 '걸작'이, ⓛ에는 '현상이나 사상, 행동 따위가 어떤 방향으로 기울어짐.'이라는 의미의 '경향'이, ©에는 '한 시대의 일반적인 사상의 흐름.'이라는 의미의 '사조'가 들어가는 것이 적절하다.

오답 풀이 ▶ ⊙ 습작: 시, 소설, 그림 따위의 작법이나 기법을 익히기 위하여 연습 삼아 짓거나 그려 봄. 또는 그런 작품.
ⓛ 반향: 어떤 사건이나 발표 따위가 세상에 영향을 미치어 일어나는 반응.
© 유파: 주로 학계나 예술계에서, 생각이나 방법 경향이 비슷한 사람이 모여서 이룬 무리.

01 발효	02 미생물	03 기생	04 생리학적
05 배설	06 이뇨	07 증식	08 부화
09 진화	10 응고	11 억제	12 자생
13 분해	14 허파	15 자극	16 소화

01 매장	02 해류	03 기후	04 연안
05 해저	06 극지	07 지질	08 암석
09 해빙	10 분화할	11 자정	12 한류
13 퇴적	14 침식	15 분출하였다	16 부유

복 습 하기 118~119쪽

01 ②	02 ①	03 ⑤	04 ②
05 생리학적	06 생태학적	07 진화	08 퇴화
09 침식	10 침적	11 채굴	12 ⓒ, ⓐ
13 ㉠, ⓓ	14 ㉡, ⓒ	15 해일	16 유빙
17 기후	18 마그마	19 해류	

01 '동물이 섭취한 영양소로부터 자신의 몸 안에 필요한 물질과 에너지를 얻은 후 생긴 노폐물을 콩팥이나 땀샘을 통해 밖으로 내보내는 일.'이라는 의미의 '배설'이 들어가는 것이 적절하다.

오답 풀이 · ① 배변: 대변을 몸 밖으로 내보냄.

③ 섭취: 생물체가 양분 따위를 몸속에 빨아들이는 일.

④ 소화: 섭취한 음식물을 분해하여 영양분을 흡수하기 쉬운 형태로 변화시키는 일. 또는 그런 작용.

⑤ 이뇨: 오줌을 잘 나오게 함.

02 '효모나 세균 따위의 미생물이 유기 화합물을 분해하여 알코올류, 유기산류, 이산화 탄소 따위를 생기게 하는 작용.'이라는 의미의 '발효'가 들어가는 것이 적절하다.

오답 풀이 · ② 부패: 단백질이나 지방 따위의 유기물이 미생물의 작용에 의하여 분해되는 과정. 또는 그런 현상.

③ 분해: 한 종류의 화합물이 두 가지 이상의 간단한 화합물로 변화함. 또는 그런 반응.

④ 증식: 생물이나 조직 세포 따위가 세포 분열을 하여 그 수를 늘려감. 또는 그런 현상.

⑤ 합성: 둘 이상의 원소를 화합하여 화합물을 만들거나, 간단한 화합물에서 복잡한 화합물을 만듦. 또는 그런 일.

03 '생체를 이루며, 생체 안에서 생명력에 의하여 만들어지는 물질.'이라는 의미의 '유기물'이 들어가는 것이 적절하다.

오답 풀이 · ① 노폐물: 생체 내에서 생성된 대사산물 중 생체에 필요 없는 것.

② 무기물: 생명을 지니지 않은 물질을 통틀어 이르는 말.

③ 미생물: 눈으로는 볼 수 없는 아주 작은 생물.

④ 분비물: 분비샘에서 나오는 물질.

04 괄호 안에 공통으로 들어갈 수 있는 단어는 '억제'이다. 두 번째 문장에서는 '감정이나 욕망, 충동적 행동 따위를 내리눌러서 그치게 함.'의 의미로 사용되었으며, 첫 번째와 세 번째 문장에서는 '정도나 한도를 넘어서 나아가려는 것을 억눌러 그치게 함.'의 의미로 사용되었다.

오답 풀이 · ① 배출: 동물이 섭취한 음식물을 소화하여 항문으로 내보내는 일.

③ 융해: 녹아 풀어짐. 또는 녹여서 풂.

④ 자극: 생체에 작용하여 반응을 일으키게 하는 일. 또는 그런 작용의 요인.

⑤ 촉진: 다그쳐 빨리 나아가게 함.

09 깎아 만든 지형이라고 하였으므로 '비, 하천, 빙하, 바람 따위의 자연 현상이 지표를 깎는 일.'이라는 의미의 '침식'이 들어가는 것이 적절하다.

오답 풀이 · '퇴적'은 '암석의 파편이나 생물의 유해(遺骸) 따위가 물이나 빙하, 바람 따위의 작용으로 운반되어 일정한 곳에 쌓이는 일.'을 의미한다.

10 강바닥에 흙이 쌓여 수심이 얕아지는 것이므로 '물 밑에 가라앉아 쌓임.'이라는 의미의 '침적'이 들어가는 것이 적절하다.

오답 풀이 · '부유'는 '물 위나 물속, 또는 공기 중에 떠다님.'을 의미한다.

11 묻혀 있는 광물을 캐내기 어렵다는 것이 자연스러우므로 '땅을 파고 땅속에 묻혀 있는 광물 따위를 캐냄.'이라는 의미의 '채굴'이 들어가는 것이 적절하다.

오답 풀이 · '매장'은 '묻어서 감춤.' 또는 '지하자원 따위가 땅속에 묻히어 있음.'을 의미한다.

| 1 ⑤ | 2 ④ | 3 ④ | 4 ④ |
| 5 ② | 6 ④ | | |

[1~2]

- **해제** (윤리적) 소비의 전개 과정을 밝히고, 그 의미와 사례 등을 설명하고 있다.
- **주제** 사람, (환경), 동물이 모두 행복해질 수 있는 윤리적 소비
- **문단 요약**

1문단	1960년대 이후 선진국에서 공정 무역 운동이 시작됨.
2문단	양심에 어긋나는 상품은 구입하지 말자는 윤리적 소비 운동
3문단	내가 구입하는 물건을 통해서 사람, 환경, 동물이 모두 행복해질 수 있는 윤리적 소비

🔖 **어휘력 넓히기** | 호칭

1 홍차, 카카오, 커피 등은 제삼 세계에서 생산하여 수출하는 물품들로, 제삼 세계가 이들 물품을 원조 받았다는 것은 적절하지 않은 내용이다. '원조'는 물품이나 돈 따위로 도와주는 것을 의미한다.

오답 풀이 ① 2문단의 마지막 문장을 통해 알 수 있다.

② 2문단의 첫 번째 문장을 통해 알 수 있다.

③ 2문단의 첫 번째 문장과 3문단의 마지막 문장을 통해 알 수 있다.

④ 1문단의 세 번째 문장을 통해 알 수 있다.

2 '윤리적'은 '사람으로서 마땅히 지켜야 할 도리를 따르는. 또는 그런 것.'을 의미한다. ④는 '법적(法的)'의 의미로, '법(法)'은 윤리 중에서도 특히나 중요하여 반드시 지켜질 필요가 있어 국가가 공권력을 동원하여 그 준수를 강제하는 것을 말한다.

[3~4]

- **해제** (팝 아트)가 무엇인지 설명하고, 영국과 미국의 팝 아트를 비교하고 있다.
- **주제** 영국과 미국의 (팝 아트)의 특징
- **문단 요약**

1문단	1960년대 초기에 미국에서 발달한 미술의 한 경향인 팝 아트
2문단	사회 비판적인 성격을 띤 영국의 팝 아트
3문단	현대 과학 기술 문명에 대한 낙관주의를 기조로 하는 미국의 팝 아트

🔖 **어휘력 넓히기** | 개시

3 ⓐ는 '구태의연한 사회 질서에 대한 비판'으로 전개되었다고 하였는데, '구태의연하다'는 조금도 변하거나 발전한 데 없이 예전 모습 그대로인 것을 의미한다. 따라서 변화와 혁신만을 추구하는 당시 사회에 대한 비판으로 전개되었다는 진술은 적절하지 않다.

오답 풀이 ① ⓑ는 1960년대 초기에 발달하였으나 ⓐ는 그 전조가 되는 활동으로 이미 그보다 10여 년 전에 팝 아트라는 명칭을 얻었다고 하였다. '전조'는 '어떤 일이 생길 기미.'를 의미한다.

② 1문단에서 팝 아트를 1960년대 초기에 미국에서 발달한 구상 회화의 한 경향으로 소개하고 있으므로, 일반적으로 팝 아트는 ⓑ를 의미한다고 볼 수 있다.

③ ⓐ는 구태의연한 사회 질서에 대한 비판으로서 전개되었으며, ⓑ는 추상 표현주의에 대한 반동의 결과로 나타나게 되었다고 서술하고 있다.

⑤ ⓑ는 현대의 과학 기술 문명에 대한 낙관주의를 기조로 하고 있다고 서술하고 있다. '기조'는 '사상, 작품, 학설 따위에 일관해서 흐르는 기본적인 경향이나 방향.'을 의미한다.

4 '고무되다'는 '힘이 나도록 격려를 받아 용기가 나다.'라는 의미이다. '새로운 것에 밀려 점점 몰락해 가다.'라는 의미를 지닌 단어는 '사양(斜陽)하다'인데, 일반적으로 '사양길'이라는 명사를 사용하여 '사양길로 접어들다, 사양길에 들어서다'와 같이 표현한다.

오답 풀이 ① 이 글에서 '범람하다'는 '바람직하지 못한 것들이 마구 쏟아져 돌아다니다.'의 의미로 쓰여, '넘쳐 나다'로 바꿔 쓸 수 있다.

② 이 글에서 '취하다'는 '일정한 조건에 맞는 것을 골라 가지다.'의 의미로 쓰여, '가져오다'로 바꿔 쓸 수 있다.

③ '접목하다'는 '둘 이상의 다른 현상 따위를 알맞게 조화하게 하다.'의 의미이다.

⑤ '창안하다'는 '어떤 방안, 물건 따위를 처음으로 생각하여 내다.'의 의미이다.

- **해제** (간지럼)의 반응 원인을 설명하는 두 가지 의견을 소개한 뒤, 그중 더 설득력 있는 의견을 설명하고 있다.
- **주제** 사람들 간의 (상호 작용) 속에서 발생하는 간지럼
- **문단 요약**

1문단	간지럼의 반응 원인을 설명하는 의견은 크게 두 가지로 나뉨.
2문단	친밀한 사람과의 접촉이기 때문에 웃는 것이라고 본다면, 간지럼을 상호 작용 속에서 발생하는 반응으로 볼 수 있음.
3문단	간지럼을 단순히 자극에 의한 반응이라고 보는 것은 설득력이 떨어짐.

📖 **어휘력 넓히기** | 암시

5 간지럼은 즐겁다는 느낌과 고통스럽다는 느낌을 모두 주기 때문에 웃으면서도 간질이는 사람을 떼어 내려 하게 된다고 하였다. 또한 이 글에서는 친밀함의 정도와 간지럼에 대한 반응의 상관관계에 관해서는 언급하지 않았다.

오답 풀이 ① 2문단의 마지막 문장에서 친밀한 사람이 간지럽힐 때 웃는 이유로 안도감과 신체 접촉으로 인한 쾌감을 이야기하고 있으므로 적절한 추론이다.

③ 3문단에서 간지럼이 자극에 의한 반응이라는 의견이 빛을 보지 못하고 있다고 하였으므로 적절한 추론이다.

④ 2문단에서 타인에게 간지럼을 당하는 사람 대부분은 웃거나 몸을 비트는 등의 반응을 보인다고 하였으며, 3문단에서 자기 자신에게는 간지럼을 타지 않거나 효과가 미미하다고 하였으므로 적절한 추론이다.

⑤ 2문단에서 친밀한 사람이 간지럽힐 때에는 웃음 짓게 되지만 모르는 사람이 간지럽힐 때에는 불쾌함을 드러낼 것이라고 하였으므로 적절한 추론이다.

6 ㉣의 '짓다'는 '어떤 표정이나 태도 따위를 얼굴이나 몸에 나타내다.'의 의미로 사용되었다. 그러나 ④의 문장에서 '짓다'는 '거짓으로 꾸미다.'의 의미로 사용되었다.

오답 풀이 ① 이 글에서 '나오다'는 '감정 표현이나 생리 작용 따위가 나타나다.'의 의미로 사용되었다.

② 이 글에서 '보이다'는 '보다'의 피동사로, '대상이 평가되다.'의 의미로 사용되었다.

③ 이 글에서 '주다'는 '남에게 어떤 일이나 감정을 겪게 하거나 느끼게 하다.'의 의미로 사용되었다.

⑤ 이 글에서 '타다'는 '부끄럼이나 노여움 따위의 감정이나 간지럼 따위의 육체적 느낌을 쉽게 느끼다.'의 의미로 사용되었다.

IV. 문법 필수 개념어&어법

16회 문맥으로 소화하기 128~129쪽

01 품사	02 가변어	03 체언	04 대명사
05 동사	06 형용사	07 관형사	08 부사
09 조사	10 어미	11 자의성	12 사회성
13 동음이의어	14 반의어	15 고유어	16 사회 방언

17회 문맥으로 소화하기 134~135쪽

01 형태소	02 형식 형태소	03 어근	04 접사
05 접미사	06 자음	07 종성	08 훈민정음
09 모아쓰기	10 아래아	11 천지인	12 상형
13 합성	14 표준 발음법	15 이중 모음	16 겹받침

복습하기 136~137쪽

01 ⓒ	02 ⓛ	03 ⓔ	04 ⓞ
05 ⓞ	06 ⓒ	07 Ⓐ	08 Ⓧ
09 ⓞ	10 ⓗ	11 ⓜ	12 ⓛ
13 ⓔ	14 ⓒ, ⓓ	15 ⓞ, ⓐ	16 ⓛ, ⓑ
17 ⓒ	18 ⓞ	19 ⓗ	20 ⓔ
21 ⓒ	22 ⓞ	23 ⓛ	

복습하기 146쪽

01 메고	02 담가	03 띠어	04 늘렸다
05 가르치고	06 ③	07 반듯이	08 채

01 '어깨에 걸치거나 올려놓다.'라는 의미인 '메다'가 적절하다.

> **오답 풀이** 매다: 끈이나 줄 등의 두 끝을 엇걸고 잡아당기어 풀어지지 않게 마디를 만들다.

02 '액체 속에 넣다.'라는 의미를 가진 단어의 바른 표기는 '담그다'이다. 이때 어간 '담그-'에 어미 '-아'가 바르게 결합된 활용형은 '담가'이며, '담궈'는 잘못된 표현이다.

03 '감정이나 기운 등을 나타내다.'라는 의미인 '띠다'가 적절하다.

> **오답 풀이** 띄다: '눈에 보이다'를 뜻하는 '뜨이다'의 준말.

04 '시간이나 기간을 길게 하다.'라는 의미인 '늘리다'가 적절하다.

> **오답 풀이** 늘이다: 본디보다 더 길어지게 하다.

05 '지식이나 기능, 이치 등을 깨닫게 하거나 익히게 하다.'라는 의미인 '가르치다'가 적절하다.

> **오답 풀이** 가리키다: 어떤 방향이나 대상을 집어서 보이거나 말하거나 알리다.

06 형용사인 '걸맞다'는 어미 '-는'이 붙는 활용을 하지 않으므로 ㉠에는 '걸맞은'이, 일부 명사 뒤에 붙어 '그대로' 또는 '전부'의 뜻을 더하는 접미사는 '째-'이므로 ㉡에는 '통째로'가, 부사의 끝음절이 [이]로만 발음되는 경우에는 '-이'로 적으므로 ㉢에는 '틈틈이'가 적절하다. '걸맞는', '통채로', '틈틈히'는 모두 잘못된 표현이다.

V. 관용 표현

04 좋은 일이 아니라 나쁜 일이 겹쳐 일어난 것이므로 ㉠에는 '난처한 일이나 불행한 일이 잇따라 일어남.'을 이르는 '설상가상(雪上加霜)'이, 판매가가 제각각인 점이 뜻밖이라는 맥락이 만들어져야 자연스러우므로 ㉡에는 '큰 차이 없이 거의 같음.'을 나타내는 '대동소이(大同小異)'가, 힘든 상황이 제시되어야 자연스러우므로 ㉢에는 '사물이 매우 위태로운 처지에 놓여 있음.'을 이르는 '풍전등화(風前燈火)'가 들어가기에 적절하다.

(오답 풀이) ➔ ㉠ 금상첨화(錦上添花): 비단 위에 꽃을 더한다는 뜻으로, 좋은 일 위에 또 좋은 일이 더해짐을 이름.
㉡ 소탐대실(小貪大失): 작은 것을 탐하다가 큰 것을 잃음.
㉢ 등화가친(燈火可親): 등불을 가까이할 만하다는 뜻으로, 서늘한 가을밤은 등불을 가까이 하여 글 읽기에 좋음을 이름.

05

¹동	병	⁴상	련		
		부			
²시	기	상	조		
종		조		⁵허		⁶심
일			³노	심	초	사
관				탄		숙
				회		고

06 다른 사람의 실패한 사례일지라도 자신에게 이로운 방향으로 활용할 수 있다는 맥락이므로 '본이 되지 않은 남의 말이나 행동도 자신의 지식과 인격을 수양하는 데에 도움이 될 수 있음.'을 이르는 '타산지석(他山之石)'이 들어가기에 적절하다.

(오답 풀이) ➔ ① 아전인수(我田引水): 자기 논에 물 대기라는 뜻으로, 자기에게만 이롭게 되도록 생각하거나 행동함을 이름.
② 이심전심(以心傳心): 마음과 마음으로 서로 뜻이 통함.
③ 일취월장(日就月將): 나날이 다달이 자라거나 발전함.
④ 자화자찬(自畵自讚): 자기가 그린 그림을 스스로 칭찬한다는 뜻으로, 자기가 한 일을 스스로 자랑함을 이름.

07 나쁜 상황이 닥쳤으나 그로 인해 오히려 더 좋은 결과를 얻었다는 맥락이므로 '재앙과 근심, 걱정이 바뀌어 오히려 복이 됨.'을 나타내는 '전화위복(轉禍爲福)'이 들어가기에 적절하다.

(오답 풀이) ➔ ① 유유상종(類類相從): 같은 무리끼리 서로 사귐.
② 자업자득(自業自得): 자기가 저지른 일의 결과를 자기가 받음.
④ 좌불안석(坐不安席): 마음이 불안하거나 걱정스러워서 한군데에 가만히 앉아 있지 못하고 안절부절못하는 모양.
⑤ 진퇴양난(進退兩難): 이러지도 저러지도 못하는 어려운 처지.

08 괄호 안에 공통으로 들어갈 수 있는 한자성어는 '천방지축(天方地軸)'이다. 첫 번째 문장에서는 '못난 사람이 종작없이 덤벙이는 일. 또는 그런 모양.'이라는 의미로, 두 번째 문장에서는 '너무 급하여 허둥지둥 함부로 날뜀. 또는 그런 모양.'이라는 의미로 쓰였다.

(오답 풀이) ➔ ① 사면초가(四面楚歌): 아무에게도 도움을 받지 못하는 어려운 상황이나 형편.
② 자포자기(自暴自棄): 절망에 빠져 자신을 스스로 포기하고 돌아보지 않음.
③ 전광석화(電光石火): 번갯불이나 부싯돌의 불이 번쩍거리는 것과 같이 매우 짧은 시간이나 매우 재빠른 움직임 등을 이름.
⑤ 파죽지세(破竹之勢): 대를 쪼개는 기세라는 뜻으로, 적을 거침없이 물리치고 쳐들어가는 기세를 이름.

01 ④	02 ③	03 ②	04 ㉢, ⓑ
05 ㉠, ⓒ	06 ㉢, ⓐ	07 ㉡	08 ㉠
09 ㉢	10 ①	11 ③	12 ④
13 ⑤	14 ㉢	15 ㉠	16 ㉣
17 ㉡			

01 '잠을 자다.'라는 의미를 나타내는 관용어인 '눈을 붙이다'로 바꿔 쓸 수 있다.
오답 풀이 ① 눈을 돌리다: 관심을 돌리다.
② 눈을 맞추다: 서로 눈을 마주 보다.
③ 눈을 밝히다: 무엇을 찾으려고 신경을 집중하거나 힘을 넣다.
⑤ 눈을 뒤집다: 주로 좋지 않은 일에 열중하여 제정신을 잃다.

02 '항복하거나 굴복하다.'라는 의미를 나타내는 관용어인 '무릎을 꿇다'로 바꿔 쓸 수 있다.
오답 풀이 ① 발을 끊다: 오가지 않거나 관계를 끊다.
② 발을 구르다: 매우 안타까워하거나 다급해하다.
④ 무릎을 치다: 갑자기 어떤 놀라운 사실을 알게 되었거나 희미한 기억이 되살아날 때, 또는 몹시 기쁠 때 무릎을 탁 치다.
⑤ 혀를 내두르다: 몹시 놀라거나 어이없어서 말을 못 하다.

03 '씀씀이가 후하고 크다.'라는 의미를 나타내는 관용어인 '손이 크다'로 바꿔 쓸 수 있다.
오답 풀이 ① 손이 뜨다: 일하는 동작이 매우 굼뜨다.
③ 손이 맞다: 함께 일할 때 생각, 방법 등이 서로 잘 어울리다.
④ 손이 맵다: 손으로 슬쩍 때려도 몹시 아프다.
⑤ 손이 비다: 1. 할 일이 없어 아무 일도 하지 아니하고 있다. 2. 수중에 돈이 없다.

10 편의를 위해 일회용품을 지나치게 많이 사용했다는 맥락이므로 '물건을 헤프게 쓰거나, 돈 등을 흥청망청 낭비하다.'라는 의미를 나타내는 관용어인 '물 쓰듯'이 들어가기에 적절하다.
오답 풀이 ② 이 잡듯: 샅샅이 뒤지어 찾는 모양을 비유적으로 이르는 말.
③ 죽 끓듯 하다: 화나 분통 등의 감정을 참지 못해 마음속이 끓어오르다.
④ 불똥이 튀다: 엉뚱한 사람에게 재앙이나 화가 미치다.
⑤ 쥐 죽은 듯: 매우 조용한 상태를 비유적으로 이르는 말.

11 이웃이 시간을 가리지 않고 '밤낮으로' 악기를 연주한다고 하였으므로 '시간에 구애받음이 없다.'라는 의미를 나타내는 관용어인 '시도 때도 없다'가 들어가기에 적절하다.
오답 풀이 ① 별 볼 일 없다: 대단하지 않고 하찮다.

② 밑도 끝도 없다: 앞뒤의 연관 관계 없이 갑작스럽다.
④ 오갈 데가 없다: 1. 살 집이 없다. 2. 의지할 곳이 없다.
⑤ 눈코 뜰 사이 없다: 정신 못 차리게 몹시 바쁘다.

12 '무사히'는 '아무런 일이 없이.', '겨우'는 '어렵게 힘들여.' 또는 '기껏해야 고작.'이라는 뜻이므로 무언가를 탓하거나 외면하는 의미를 나타내는 관용어가 들어가는 것은 자연스럽지 않고, '힘겨운 고비를 넘기고 좀 여유를 갖다.'라는 의미를 나타내는 관용어인 '한숨을 돌리다'가 들어가기에 적절하다.
오답 풀이 ① 뒤로 돌리다: 중요하게 다루지 않다.
② 등을 돌리다: 관계를 끊고 외면하다.
③ 고개를 돌리다: 어떤 사람, 일, 상황 등을 외면하다.
⑤ 화살을 돌리다: 꾸짖음이나 비난 등을 다른 쪽으로 돌리다.

13 괄호 안에 공통으로 들어갈 수 있는 관용어는 '하늘을 찌르다'이다. 첫 번째 문장에서는 '기세가 몹시 세차다.'라는 의미로, 두 번째 문장에서는 '매우 높이 솟다.'라는 의미로 쓰였다.
오답 풀이 ① 피가 마르다: 몹시 괴롭거나 애가 타다.
② 불꽃이 튀다: 겨루는 모양이 치열하다.
③ 기름을 붓다: 감정이나 행동을 부추겨 상황을 더욱더 심각하게 만들다.
④ 뿌리가 깊다: 어떤 일이나 사물의 연유하는 바가 오래다.

1 ⑤   2 ⑤

[1~2]

• **해제** 조선 후기의 판소리계 소설로, 지배층의 (탐욕)과 극심한 빈부 격차를 익살스러운 표현을 통해 해학적으로 그려 내고 있다.

• **주제** 형제 사이의 (우애)와 권선징악

📖 **어휘력 넓히기** | 문답

1 이 글의 서술자는 인물의 성품을 평가하거나 인물의 행동에 대한 자신의 감정을 드러내는 등 개인적인 견해를 덧붙이며 인물에 대한 이해를 높이고 있다.

오답 풀이 ▸ ① 제시된 지문에서 특별히 부각되는 소재는 나타나지 않으며, 결말을 직접적으로 암시하고 있지도 않다.

② 인물의 외양이나 행동을 과장해 묘사하고 있으나, 이를 통해 인물의 성품을 예찬하고 있지는 않다. 과장된 표현을 통해 흥부의 가엾은 처지를 부각하고 놀부의 고약한 심보를 풍자하고 있다고 보는 것이 적절하다.

③ 제시된 지문에서 공간적 배경을 구체적으로 묘사하는 부분은 드러나지 않는다.

④ 제시된 지문에서 의인법은 나타나지 않는다. "사나운 범같이 날뛰며 모진 눈을 부릅뜨고 핏대를 올리며 나무란다."는 사람인 놀부의 외양을 동물에 빗대어 표현한 것이지 사람이 아닌 대상을 마치 사람이 행동하는 것처럼 표현한 것이 아니다.

2 '문전박대(門前薄待)'는 찾아온 사람을 들이지 않고 문 앞에서 모질게 대한다는 의미로, 흥부가 도움을 청하기 위해 찾아왔으나 놀부가 흥부를 마루 아래에 내버려 둔 채 홀대하는 상황을 표현하기에 적절한 한자성어이다.

오답 풀이 ▸ ① 감언이설(甘言利說): 귀가 솔깃하도록 남의 비위를 맞추거나 이로운 조건을 내세워 꾀는 말.

② 구사일생(九死一生): 아홉 번 죽을 뻔하다 한 번 살아난다는 뜻으로, 죽을 고비를 여러 차례 넘기고 겨우 살아남을 이름.

③ 소탐대실(小貪大失): 작은 것을 탐하다가 큰 것을 잃음.

④ 시기상조(時機尙早): 어떤 일을 하기에 아직 때가 이름.

Memo

Memo

Memo

Memo

해법 중학 국어

어휘 DNA
깨우기

정답과
해설

교육과 IT가 만나
새로운 미래를 만들어갑니다

천재교

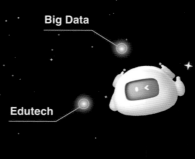

Big Data

Edutech

빅데이터, AI, 에듀테크 저마다 기술을 말합니다.
40여 년의 교육 노하우에 IT기술을 접목한 최첨단 에듀테크!

기술이 공부의 흥미를 끌어올리고
빅데이터와 결합해 새로운 교육의 미래를 만들어 갑니다.
다음 세대의 미래가 눈부시게 빛나길, 천재교육이 함께 합니다.

교육과 IT의 만남